The Phantom of the Opera

오페라의 유령

오페라의 유령

First edition: September 2010

TEL (02)2000-0515 | FAX (02)2271-0172
ISBN 978-89-17-23775-7

YBM Reading Library 는 …

쉬운 영어로 문학 작품을 즐기면서 영어 실력을 크게 향상시킬 수 있도록 개발된 독해력 완성 프로젝트입니다. 전 세계 어린이와 청소년들에게 재미와 감동을 주는 세계의 명작을 이제 영어로 읽으세요. 원작에 보다 가까이 다가가는 재미와 명작의 깊이를 느낄 수 있을 거예요.

350 단어에서 1800 단어까지 6단계로 나누어져 있어 초·중·고 어느 수준에서나 자신이 좋아하는 스토리를 골라 읽을 수 있고, 눈에 쉽게 들어오는 기본 문장을 바탕으로 활용도가 높고 세련된 영어 표현을 구사하기 때문에 쉽게 읽으면서 영어의 맛을 느낄 수 있습니다. 상세한 해설과 흥미로운 학습 정보, 퀴즈 등이 곳곳에 숨어 있어 학습 효과를 더욱 높일 수 있습니다.

이야기의 분위기를 멋지게 재현해 주는 삽화를 보면서 재미있는 이야기를 읽고, 전문 성우들의 박진감 있는 연기로 스토리를 반복해서 듣다 보면 리스닝 실력까지 크게 향상됩니다.

세계의 명작을 읽는 재미와 영어 실력 완성의 기쁨을 마음껏 맛보고 싶다면, YBM Reading Library와 함께 지금 출발하세요!

YBM Reading Library

책을 읽기 전에 가볍게 워밍업을 한 다음, 재미있게 스토리를 읽고, 다 읽고 난 후 주요 구문과 리스닝까지 꼭꼭 다지는 3단계 리딩 전략! YBM Reading Library, 이렇게 활용 하세요.

Before the Story

People in the Story

스토리에 들어가기 전, 등장인물과 만나며 이야기의 분위기를 느껴 보세요~

The Phantom of the Opera

오페라의 유령

In the Story

★ 스토리

재미있는 스토리를 읽어요. 잘 모른다고 멈추지 마세요. 한 페이지, 또는 한 chapter를 끝까지 읽으면서 흐름을 파악하세요.

★★ 단어 및 구문 설명

어려운 단어나 문장을 마주쳤을 때, 그 뜻이 알고 싶다면 여기를 보세요. 나중에 꼭 외우는 것은 기본이죠.

★ The farewell party was well under way. Sorelli had just begun her farewell speech, when Jamme screamed. "It's the Phantom! The Phantom of the Opera!"

30 • The Phantom of the Opera

★★★ 돌발 퀴즈

스토리를 잘 파악하고 있는지 궁금하면 돌발 퀴즈로 잠깐 확인해 보세요.

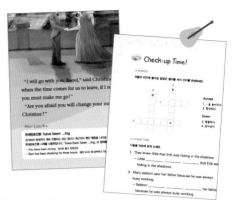

She pointed to a face in the crowd. It was ugly and
pale with two black holes for eyes. Everyone laughed
and thought it was a great joke. Some even tried to
offer the Phantom a drink, but he slipped through
the crowd and into the shadows!

Sorelli was furious that she had not been able to
finish her speech. But Debienne and Poligny
thanked her, kissed her cheek, and hurried away to
their office.

Sometime later, they invited the new managers,
Monsieur Moncharmin and Monsieur Richard, to
join them. Poligny locked the door.

★ ★ ★ ❓ Sorelli가 화 난 이유는?
a. 환송연에 오페라의 유령이 와서
b. 환송사를 끝내지 못해서
c. 환송연이 이미 끝나서 **다크릭**

☐ farewell speech 환송사   ☐ slip through …사이를 빠져나가다
☐ offer … a drink …에게 (술 등을)   ☐ into the shadow 어둠 속으로
　한 잔 권하다   ☐ furious 몹시 화가 난

¹ be well under way 한창 진행 중이다
The farewell party was well under way.
환송연이 한창 진행 중이었다.

Chapter 2 ∘ 31

Check-up Time!
한 chapter를 다 읽은 후 어휘, 구문,
summary까지 확실하게 다져요.

Focus on Background
작품 뒤에 숨겨져 있는 흥미로운 이야기를
읽으세요. 상식까지 풍부해집니다.

After the Story

Reading X-File 이야기 속에 등장했던
주요 구문을 재미있는 설명과 함께 다시 한번~

Listening X-File 영어 발음과 리스닝 실력을 함께
다져 주는 중요한 발음법칙을 살펴봐요.

MP3 Files
www.ybmbooksam.com에서 다운로드 하세요!

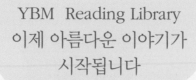

YBM Reading Library
이제 아름다운 이야기가
시작됩니다

The Phantom of the Opera

Gaston Leroux (1868~1927)

가스통 르루는 …

프랑스 파리에서 태어나 파리 대학에서 법학을 전공했다. 처음 법원의 서기로 일을 시작한 그는 이후 파리 신문사의 특파원으로 일하면서 세계 각지를 여행하였으며, 1905년 러시아 혁명을 비롯하여 자신이 체험한 다양한 사건과 모험을 파리에 보도하는 활동을 했다.

1907년 저널리즘을 떠나 본격적으로 집필 활동을 시작한 가스통 르루는 주로 탐정 이야기를 소재로 삼았는데, 아마추어 탐정 조셉 룰르타뷰(Joseph Rouletabille)가 활약하는 〈노란 방의 비밀(The Mystery of the Yellow Room), 1908〉이 호평을 받으면서 작가로서 유명세를 타기 시작했다. 그 후 기자시절 심층 보도했던 파리 오페라 극장 사건에서 영감을 얻어 집필한 〈오페라의 유령〉이 대성공을 거두었고, 이 책으로 프랑스 당대의 뛰어난 추리소설 작가로 자리매김하게 되었다.

가스통 르루가 프랑스 추리소설에 끼친 공헌은 〈셜록 홈즈〉 시리즈로 유명한 영국의 아서 코난 도일과 〈검은 고양이〉 등으로 널리 알려진 미국의 에드거 앨런 포의 업적에 필적한다는 평가를 받고 있다.

The Phantom of the Opera

오페라의 유령은 …

1910년 발표된 가스통 르루의 대표작으로, 파리 오페라 극장에 살고 있는 유령과 그와 관련된 일련의 사건들을 다루고 있다.

파리 오페라 극장에서 이상한 사건들이 연달아 발생하면서 유령이 나타난 다는 소문이 퍼진다. 이 유령은 사실 추한 얼굴을 가면으로 가리고 오페라 극장 지하, 비밀의 집에 홀로 숨어 살고 있는 에릭이다. 그는 아름다운 여가 수 크리스틴을 사랑하여 그녀에게 자신이 음악 천사라고 속이고 음악을 가 르쳐 준다. 그러나 그녀의 첫사랑 라울이 나타나자 질투심에 사로잡힌 에릭 은 크리스틴을 공연 중 무대 위에서 납치한다. 라울은 그녀를 구하기 위해 극장 지하에 있는 에릭의 집에 잠입해 위험을 무릅쓰며 사투를 벌이고, 두 사람의 진정한 사랑을 알게 된 에릭은 쓸쓸히 사라져 죽음을 맞이한다.

〈오페라의 유령〉은 출간 후 뮤지컬과 영화로 제작되면서 세계적인 명성을 얻게 되었고, 아름다운 무대 음악과 어우러진 추리 소설 특유의 긴 박감과 애절한 사랑 이야기로 오늘날까지도 전 세계인의 사랑을 받고 있다.

People in the Story

지하 호수에 있는 에릭의 집을 방문해 등장 인물들을 살펴 볼까요?

Raoul

크리스틴의 첫사랑. 에릭에게 납치된 크리스틴을 구하러 위험을 무릅쓰고 지하 호수에 있는 에릭의 집으로 찾아간다.

Erik

오페라의 유령. 추한 외모 때문에 가면을 쓰고 오페라 극장 지하에 있는 집에 숨어 산다. 아름다운 크리스틴을 사랑하여 무대 위에서 납치한다.

Christine

오페라 극장의 아름다운 여가수. 라울을 사랑하면서도 에릭에 대해 동정심을 갖는다.

Persian

에릭의 정체를 알고 있는 페르시아인.
크리스틴을 구하려는 리울을 에릭의
집으로 인도한다.

Richard and Moncharmin

오페라 극장에 새로 부임한 매니저들.
오페라의 유령을 무시하다가 여러 사건에
휘말린다.

Madame Giry

오페라 극장의 박스석 관리인.
오페라의 유령과 대화한 이야기를
한 후 새 매니저들에게 해고된다.

a Beautiful Invitation
– YBM Reading Library

The Phantom of the Opera

Gaston Leroux

Is It the Phantom?

그것은 유령일까?

Monsieur Debienne and Monsieur Poligny were the managers of the Paris Opera.* It was their final evening and they were hosting a last gala performance before their retirement. 파리의 유명한 오페라 극장.
Opera는 극장(= Opera House)이라는 뜻으로도 쓰인답니다.

Sorelli, the Opera's principal dancer, was in her dressing room. She was quietly preparing her speech for the managers' farewell party later that evening. All of a sudden, her door flew open, and a group of young dancers ran into her room screaming in fright! [1]

"It's the Phantom!" Jamme cried as she slammed the door shut.

- □ Monsieur ···씨 (영어의 Mr.)
- □ host 개최하다
- □ gala performance 특별 공연
- □ retirement 은퇴
- □ principal dancer 수석 무용수
- □ dressing room (극장의) 분장실
- □ farewell party 환송연
- □ all of a sudden 갑자기
- □ fly open (문이) 확 열리다 (fly-flew-flown)
- □ slam ... shut ···을 쾅 닫다

"Don't be so silly!" said Sorelli.

But the excited, young dancers all started to talk at the same time.

"We did see him! We really did!" [2]

"He was dressed like a gentleman!"

"We saw him walk through the wall!"

1 **screaming in fright** 겁에 질려 비명을 지르며
A group of young dancers ran into her room screaming in fright! 어린 무용수들이 겁에 질려 비명을 지르며 그녀의 방으로 달려 들어왔다!

2 **do + 동사원형** (동사를 강조) 정말로 …하다
We did see him! 우리는 정말로 그를 봤어요!

"How do you know it was the Phantom?" asked Sorelli. "It could have been one of the gentlemen [1] who visit the Opera."

Meg, the daughter of Madame Giry, shivered and said, "But this one had the Mask of Death! Joseph Bucquet, who moves the scenery, said the Phantom has horrible yellow skin, no nose and black holes for eyes!"

For several months, the Phantom had been the talk of the Opera House. People thought they saw him everywhere. And everyone had a different description of what he looked like. But everyone agreed that he [2] existed. Just then, the dancers heard a rustling outside the door.

"Who's there?" called Sorelli, nervously.

But there was no answer.

---

1 **could have + p.p.** …였을지도 모르다
It could have been one of the gentlemen who visit the Opera.
오페라를 보러 오는 신사들 중 하나였을지도 모르잖아.

2 **description of + what절** …에 대한 묘사
Everyone had a different description of what he looked like.
유령이 어떻게 생겼는지에 대한 묘사도 제각각이었다.

"Don't open the door!" screamed Meg.

But, Sorelli took her dagger, and slowly opened the door. She looked into the passageway.

"There's no one there!" she sighed, as she closed the door. "Now girls, stop this nonsense! We all know that no one has ever actually seen him!"

□ Madame ··· 부인 (영어의 Mrs.)
□ shiver (몸을) 떨다 (= tremble)
□ scenery (무대) 배경
□ rustling 바스락거리는 소리
□ nervously 불안하게
□ dagger 단검
□ passageway 복도
□ nonsense 터무니없는 짓〔소리〕

"Mother has never seen him, either," said Meg. "I'm not supposed to tell anyone, but ..." [1]

Meg stopped for a moment. She wasn't sure if she should tell them more. Then she said quietly, "But he has spoken to her!"

The young girls crowded around Meg. Then they all started to talk excitedly.

"How?"

"Where?"

"When?"

"Mother looks after Box 5 on the grand tier. It's the Phantom's private box. He watches all the operas from there."

Everyone went quiet and looked anxiously at Meg.

"I should not have told you!" she cried. "Mother said ☀ the Phantom doesn't like people talking about him. And Joseph Bucquet was wrong to talk about such things! It will bring us all bad luck!"

☐ crowd around … 주위로 몰려들다
☐ grand tier (관람석의) 2층
☐ private box 전용석

☐ anxiously 걱정스럽게
☐ cellar 지하실
☐ for sure 틀림없이, 확실히

Suddenly, they heard
someone in the passageway.
"Jamme, Jamme, where
are you?" called a voice.
"It's Mother!" cried Jamme.
She opened the door and said,
"What's the matter?"
"Joseph Bucquet is dead! They
found him hanging in the third cellar!"[2]
"The Phantom did it, for sure!" sobbed Meg.
Then all the young dancers started to cry.

1 **be not supposed to + 동사원형** ⋯해서는 안 된다
   I'm not supposed to tell anyone. 나는 아무에게도 말해서는 안 돼.
2 **find + 목적어 (A) + ...ing (B)** A가 B한 것을 발견하다
   They found him hanging in the third cellar!
   뷔케가 3층 지하실에서 목을 맨 것을 발견했어!

Mini-Less⋅ⵗ⋅n

See p.122

should not have + p.p.: ⋯하지 말았어야 했는데
「should not have + p.p.」는 '⋯하지 말았어야 했는데'라는 뜻으로 과거의 일을
후회할 때 쓰는 표현이랍니다. 「should have + p.p.」는 '⋯했어야 했는데'라는 뜻이 된답니다.
• I should not have told you! 너희들에게 말하지 말았어야 했는데!
• He should have studied hard. 그는 공부를 열심히 했어야 했다.

The frightened young dancers crowded around Sorelli. They followed her closely through the dark passages and down the staircase to the reception area. Along the way, Sorelli met Count Philippe de* Chagny.

"What a wonderful performance," he said to her. "Christine Daae was excellent!"

*de는 프랑스에서 귀족의 이름에 붙이는 칭호예요.

The Count was right. Many great entertainers had performed at the gala that evening. But the real triumph was Christine Daae. She had sung the part of Margarita because Carlotta, the lead singer, was ill. Christine's beautiful, angelic voice had captivated the audience!

They stood, and cheered and clapped enthusiastically for many minutes. Christine sobbed and fainted in the arms of the other singers, and was carried to her dressing room.

☐ reception area 연회장
☐ Count 백작
☐ entertainer 연기자
☐ triumph 승리, 대업적
☐ lead singer 주연 가수

☐ angelic 천사 같은
☐ captivate …의 마음을 사로잡다
☐ clap 박수를 치다
☐ enthusiastically 열광적으로
☐ faint 실신하다

공연의 진정한 승자는?

a. Christine
b. Carlotta
c. Margarita

정답은 b

□ Viscount 자작
□ raise 기르다
□ develop 키우다
□ train to be ···가 되도록 교육받다
□ naval officer 해군 장교

□ leave on one's voyage to
　···로 항해를 떠나다
□ splendidly 아주 아름답게
□ push through the crowds
　인파를 헤치고 나아가다

That evening, Count Philippe de Chagny was in the audience with his young brother, Viscount Raoul de Chagny.

Philippe had raised his younger brother Raoul after his parents had died. Young Raoul had developed a love of the sea. He trained to be a naval officer and sailed around the world.

Philippe wanted Raoul to see Paris before he left on his voyage to the North Pole. So he took him to many places and introduced him to lots of people. One of their favorite places to visit was the Paris Opera.

At the end of the evening's performance, Philippe was surprised to see that his brother was trembling and had turned pale.

"Are you ill, Raoul?" he asked, anxiously.

"No, I'm fine. But I must see Christine! She has never sung so splendidly before!"

Raoul hurried to the young singer's dressing room. He pushed through the crowds to reach Christine's side.

"Doctor, don't you think that everyone should leave the room?" asked Raoul.

"You're quite right," said the doctor, and sent everyone from the room.

Finally, only Christine, Raoul, the doctor and the maid remained. Suddenly, Christine sighed deeply and opened her eyes. She saw Raoul kneeling beside her.

"Who are you?" she asked.

"Don't you remember me?" he said softly. "I rescued your scarf from the sea many years ago!"

Christine laughed, "I'm sorry. I've never seen you before."

Raoul turned red and said, "If you do not remember me, I would like to speak to you in private. What I have to say is very important." [1]

❓ 방 안에 남아 있지 않은 사람은?
　 a. Christine
　 b. Raoul
　 c. Philippe　　정답 ㅇ

□ maid 하녀
□ remain 남다
□ kneel 무릎을 꿇다; 무릎

□ rescue A from B
　 B에서 A를 구하다
□ in private 사적으로

Christine closed her eyes and whispered, "Another time, perhaps. I would like to be alone. Can you all leave now, please?"

1 **what I have to say** 내가 말할 내용
What I have to say is very important. 내가 말할 내용은 매우 중요해요.

Raoul and the doctor left the room. The doctor went downstairs and Raoul waited outside the closed door until the maid had left. But as he went to knock on the door, he heard a man's voice from inside Christine's dressing room.

"Christine, you must love me!" the voice demanded.

"But I sing only for you!" she cried. "Tonight, I gave you all that I have!"

"I thank you, Christine," said the voice. "No man has ever received such a wonderful gift. Your voice was so beautiful, even the Angels in Heaven wept tonight!"

Then there was silence. Raoul put his ear to the door, but he heard nothing. A few minutes later, Christine came out of her room, and hurried down the passageway. Raoul waited, but the man didn't follow her. So he went into the darkened dressing room.

"Where are you?" he cried. "Come out, you coward!"

☐ demand 요구하다
☐ weep 울다 (weep-wept-wept)
☐ put one's ear to
　…에 귀를 갖다 대다
☐ darkened 캄캄한, 어두워진
☐ coward 겁쟁이
☐ light …의 불을 켜다 (light-lit-lit)
☐ cupboard 벽장; 찬장

He lit the candles, but there was no one to be seen. Then he opened the cupboards, checked the walls and mirrors for secret doors, but he found none!

Check-up Time!

● WORDS

빈칸에 들어갈 알맞은 단어를 고르세요.

1 Jamme cried as she _____ the door shut.

   a. shivered   b. slammed   c. rescued

2 Christine's beautiful, angelic voice had _____ the audience!

   a. captivated   b. clapped   c. slammed

3 Philippe had _____ his younger brother Raoul after his parents had died.

   a. hosted   b. crowded   c. raised

● STRUCTURE

괄호 안의 두 단어 중 알맞은 것에 동그라미 하세요.

1 Young dancers ran into her room (screaming / screamed) in fright!

2 I'm not supposed (telling / to tell) anyone.

3 I shouldn't (have told / had told) you!

4 They found him (hang / hanging) in the third cellar!

다음은 누가 한 말일까요? 기호를 써넣으세요.

a.

Christine

b.

Phantom

c.

Raoul

1 "No man has ever received such a wonderful gift." _____

2 "I sing only for you! _____

3 "She has never sung so splendidly before!" _____

● SUMMARY

빈칸에 맞는 말을 골라 이야기를 완성하세요.

At the last performance before manager's retirement, young dancers were frightened saying that they saw the ( ) in the Paris Opera. They said that he had a horrible face like the ( ). That night, Christine had an ( ) performance. Raoul was surprised to see her, and ran to her dressing room. But she didn't ( ) him. Outside the door, Raoul heard Christine talking to a strange man.

a. excellent b. recognize
c. Death Mask d. Phantom

The Phantom of the Opera

오페라의 유령

The farewell party was well under way. Sorelli had [1]
just begun her farewell speech, when Jamme screamed.
"It's the Phantom! The Phantom of the Opera!"

She pointed to a face in the crowd. It was ugly and pale with two black holes for eyes. Everyone laughed and thought it was a great joke. Some even tried to offer the Phantom a drink, but he slipped through the crowd and into the shadows!

Sorelli was furious that she had not been able to finish her speech. But Debienne and Poligny thanked her, kissed her cheek, and hurried away to their office.

Sometime later, they invited the new managers, Monsieur Moncharmin and Monsieur Richard, to join them. Poligny locked the door.

? Sorelli가 화가 난 이유는?
a. 환송연에 오페라의 유령이 와서
b. 환송사를 끝내지 못해서
c. 환송연이 이미 끝나서

☐ farewell speech 환송사
☐ offer ... a drink ···에게 (술 등을) 한 잔 권하다
☐ slip through ···사이를 빠져나가다
☐ into the shadow 어둠 속으로
☐ furious 몹시 화가 난

1 **be well under way** 한창 진행 중이다
The farewell party was well under way.
환송연이 한창 진행 중이었다.

"We need to tell you everything about the Opera House," said Debienne, seriously.

"First of all," said Poligny, "I must tell you about the Phantom of the Opera!"

Moncharmin and Richard thought he was joking. They looked at each other and began to laugh.

"Please listen, this is very important!" said Debienne, angrily. "Whenever the Phantom is ignored, something terrible happens!"

"But what does this Phantom want?" asked Richard.

"I'll show you," said Poligny.

He pointed to a page in the memorandum book. The following line was written in red ink.

프랑은 프랑스의 화폐 단위랍니다.

An allowance of 20,000 francs is to be given to the Phantom of the Opera each month.

"But, that's not all!" said Poligny. "Box 5 on the Grand Tier belongs to him!"

When Richard and Moncharmin heard this, they stood up. They shook hands with Debienne and Poligny, and thanked them for sharing their little joke. Then they smiled kindly and shook their heads.

"Well, it's been dreadful!" continued Poligny. "We are leaving because we really can't work just to keep the Phantom happy!" [1]

"But, it is obvious," said Richard, "that you are too kind to this Phantom. Why haven't you had him arrested?" [2]

☐ first of all 무엇보다도
☐ ignore 무시하다
☐ memorandum book 메모집
☐ allowance 수당
☐ shake hands with …와 악수를 나누다

☐ thank + 사람(A) + for + …ing(B)
   A에게 B에 대해 감사하다
☐ shake one's head 고개를 가로젓다
☐ dreadful 끔찍한
☐ obvious 명백한, 확실한

---

[1] **keep + 목적어(A) + 형용사(B)** A를 B하게 하다
We really can't work just to keep the Phantom happy!
우리가 단지 유령을 행복하게 하기 위해 일할 수는 없잖소!

[2] **have + 목적어(A) + p.p.(B)** A를 B되도록 하다
Why haven't you had him arrested? 왜 유령을 체포되도록 하지 않았소?

"How can we? We've never seen him!" said Poligny.

Then Richard said, "So, if you can't see him, why haven't you sold Box 5?"

"Sell the Phantom's box!" said Poligny. "No way! We wouldn't dare! But you can try, gentleman!"

The first few days at the Paris Opera were exciting for the new managers, Richard and Moncharmin.

They spent many delightful hours getting to know
the members of the company and exploring the
magnificent theater. In fact, they were so busy
enjoying their new surroundings and good fortune,
that they forgot the crazy stories about the
Phantom.

However, several days later an incident occurred
that proved to them that the Phantom was not [1]
someone to ignore. The new managers received a
letter. It was addressed to them in red ink, and
marked, *Private*! 편지를 받을 사람이 직접 펴 보라는 뜻으로
편지 겉봉에 저는 말이에요.

- □ No way! 절대 안 돼요!
- □ dare 감히 …하다
- □ spend + 시간 + …ing
  …하는 데 시간을 보내다
- □ explore 답사(탐험)하다
- □ magnificent 장엄한
- □ be busy …ing …하느라 바쁘다

- □ surroundings 환경
- □ good fortune 행운
- □ incident 사건
- □ occur 일어나다, 발생하다
- □ be addressed to (우편물이)
  …앞으로 되어 있다
- □ mark 표시하다

---

[1] **prove to + 목적어(A) + that절(B)** A에게 B라는 사실을 증명하다
An incident occurred that proved to them that the Phantom was
not someone to ignore.
그들에게 유령이 무시할 존재가 아니라는 사실을 증명하는 사건이 일어났다.

Richard thought that the writing on the envelope seemed familiar. He soon remembered where he had seen it before. It was in the memorandum book that Poligny had shown them.

Richard and Moncharmin opened the letter and read:

Dear Mr. Managers,

I am sorry to bother you when you are so busy. But I must question your intentions regarding Box 5. I know that Poligny and Debienne told you that it is to be kept for my use every night. Therefore, I have been upset to hear that you intend to sell it! I must warn you, gentlemen, if you wish to live in peace, do not sell Box 5.

Your Most Obedient Servant,
Phantom of the Opera

공적인 편지의 끝맺음 말로
상가 경의를 표한다는 뜻이랍니다.

Richard and Moncharmin burst out laughing. [1]

"Debienne and Poligny are playing a joke on us!" said Moncharmin, angrily. "But, I don't find it funny anymore!"

"We'll let them have Box 5 tonight," said Richard. "Tomorrow we'll sell it!"

They sent two tickets to Debienne and Poligny for the evening performance.

□ envelop 봉투
□ familiar 눈에 익은
□ bother 괴롭히다
□ intention 의도; 목적

□ regarding …에 관하여
□ upset 속상한, 화가 난
□ intend to + 동사원형 …할 작정이다
□ play a joke on …에게 장난을 치다

---

[1] **burst out ...ing** …을 터뜨리다
Richard and Moncharmin burst out laughing.
리샤르와 몽샤르맹은 웃음을 터뜨렸다.

Mini-Less🔆n

be동사 + to + 동사원형: …해야 하다
be동사 뒤에 「to+동사원형」이 오면 '…해야 하다' 라는 의무의 뜻이 만들어져요.
• It is to be kept for my use every night. 그 자리는 매일 밤 내가 사용하도록 비워 두어야 하오.
• You are to finish this work by noon. 넌 정오까지 이 일을 끝내야 한다.

The next morning, Richard and Moncharmin received a card of thanks from the Phantom.

Dear Mr. Managers,
Thank you for a delightful evening.
I will write again for my allowance
of 20,000 francs.

Phantom of the Opera

They also received a letter from Debienne and Poligny.

Gentlemen,
It was very kind of you to send us tickets
for Box 5. But we could not use the
Phantom's box.

"Oh, Debienne and Poligny are annoying!" ☀ shouted Richard, tearing up the letter.

They sold Box 5 for the next performance. However, strange things happened to the people in Box 5 that evening. During the performance, they jumped up and down and laughed loudly! In fact, the people around them were so annoyed by their noise that ☀ the police were called to take them away.

The next morning, the managers heard about the incident.

"Send for the box-keeper at once!" shouted Richard, angrily.

□ card of thanks 감사 카드
□ tear up …을 갈기갈기 찢다
□ be called to + 동사원형
　…하도록 요청되다

□ take + 목적어 + away …을 데려가다
□ send for …을 부르다
□ box-keeper 박스석 관리인
□ at once 당장

---

1 It is kind of + 사람(A) + to + 동사원형(B) B하다니 A는 친절하다
It was very kind of you to send us tickets for Box 5.
우리에게 5번 박스석 표를 보내주시다니 당신들은 참으로 친절하십니다.

Mini-Less☀n

annoying / annoyed

annoying은 무언가가 '짜증스러운' 이라는 뜻이고, annoyed는 무언가로 인해 '(마음이) 짜증이 난' 이라는 뜻이니 표현에 주의하세요.

- Debienne and Poligny are annoying! 드비엔느 씨와 폴리니 씨는 정말 짜증스럽군!
- The people around them were so annoyed by their noise.
　주변 관람객들은 그들이 내는 소음으로 매우 짜증이 났다.

Very soon, a shabbily dressed woman opened the office door.

"What happened in Box 5 last night, Madame Giry?" demanded Richard.

"The Phantom was angry," she said. "Someone was sitting in his box!"

"Surely you don't believe all this nonsense about a [1] phantom?" said Moncharmin.

"Yes, I do, sir," she said. "He has spoken to me. He has a lovely man's voice. The first time I heard him, he said, 'Madame, a footstool, please.' Then he said, 'Don't be afraid, I am the Phantom of the Opera.'"

"And what did you do?" asked Richard.

"Well, I brought the footstool, of course," said Madame Giry. "Since then, I've heard him often. And at the end of each performance, he always gives me two francs."

"How does the Phantom give you the money?" asked Moncharmin.

---

[1] **Surely** (부정어와 함께 쓰여) 설마
Surely you don't believe all this nonsense about a phantom?
설마 부인도 유령에 관한 헛소리를 믿는 것은 아니겠죠?

"He leaves it on the little shelf in the Box."

"That's enough, Madame Giry. You can go!" said Moncharmin.

After she left, they decided to fire her, and employ someone else as a box-keeper. Then they went to inspect Box 5.

□ shabbily dressed 허름하게
  〔초라하게〕옷을 입은
□ footstool 발판
□ at the end of …의 끝에

□ shelf 선반
□ fire 해고하다
□ employ A as B A를 B로 고용하다
□ inspect 조사하다

Check-up Time!

● **WORDS**

단어와 단어의 뜻을 서로 연결하세요.

1 familiar •   • a. extremely angry

2 furious •   • b. easy to see or understand

3 obvious •   • c. easily recognized or well known

4 magnificent •   • d. very good, beautiful or
                            impressive

● **STRUCTURE**

빈칸에 알맞은 단어를 골라 문장을 완성하세요.

1 We really can't work just to keep the Phantom _____!
  a. happily   b. happy   c. be happy

2 Richard and Moncharmin burst out _____.
  a. laughing   b. to laugh   c. laugh

3 It is kind _____ you to send us tickets for Box 5.
  a. to   b. for   c. of

● COMPREHENSION

사건이 일어난 순서대로 기호를 쓰세요.

a. Phantom warned new managers not to sell Box 5.

b. New managers sent two tickets for Box 5 to Debienne and Poligny.

c. Madame Giry told about the Phantom to new managers.

d. Poligny showed new managers the memorandum book.

(   ) → (   ) → (   ) → (   )

● SUMMARY

빈칸에 알맞은 말을 골라 이야기를 완성하세요.

> After the (   ) party, new managers were told about the Phantom in the Opera House. Several days later, they received a letter from the Phantom (   ) Box 5. They (   ) it and sold the Box 5. But that night, strange things happened to the people in Box 5. New managers fired the (   ), Madame Giry and went to inspect Box 5.

a. ignored   b. farewell

c. box-keeper   d. regarding

The Angel of Music

음악 천사

Christine did not sing again after her triumph at the gala night. She seemed to disappear completely. Raoul tried in vain to meet her. He wrote to her, and waited anxiously for her reply. Eventually, he received a letter.

Monsieur,

I have not forgotten the little boy who rescued my scarf from the sea. Remember my father? Tomorrow is the anniversary of his death. I am going to Perros where he is buried with his beloved violin.

Take the afternoon train and meet me at the Setting Sun Inn. Then we can visit the churchyard where we played as children, and said goodbye for the last time.

Raoul hurried to the train station. When he was
seated in his carriage, he read Christine's letter,
again and again. He smelled her sweet perfume that
lingered on every page. Then he sat back in his seat,
closed his eyes, and thought of what he knew of
Christine's early life with her father.

□ completely 완전히
□ try in vain to + 동사원형
   …하려고 했으나 허사이다
□ eventually 마침내, 결국

□ anniversary of one's death 기일
□ churchyard 교회 묘지
□ carriage (기차의) 객차; 마차
□ linger (없어지지 않고) 오래 남아 있다

Monsieur Daae was a poor farmer from a little town. He worked all day in the fields, and sang in the church choir on Sundays. However, no one could compare to the magical music he played on his violin.

When Christine was six years old, her mother died. So Daae took his young daughter, and traveled from town to town, earning a living through his music. Christine sang while her father played his violin.

One day, as their beautiful, magical notes floated in the air, Professor Valerius stopped to listen. He was impressed, and invited the Daaes to live with him and his wife. Christine soon blossomed into a lovely young girl. Madame Valerius treated her as a daughter.

One summer, Professor Valerius took his wife and the Daaes to stay in Perros. Monsieur Daae and Christine went to the nearby villages to play and sing for the people.

That summer, Raoul was staying at Perros with his aunt. He had secretly followed Christine for days, listening to her sweet voice and admiring her beauty. One day, the sky was blue and the sun shone warmly on the golden beach.

But the winds were blowing strongly, and
Christine's scarf had been whipped from her neck
and carried out to sea. From nearby, she heard a
voice call, "Don't worry, I'll get it for you!"
And that is exactly what Raoul did!

□ church choir 교회 성가대
□ compare to …에 필적하다
□ travel from town to town
　이 마을 저 마을을 돌아다니다
□ earn a living 생계를 꾸리다
□ magical 아주 멋진, 매혹적인

□ note 곡조, 선율
□ float (물이나 공중에) 뜨다
□ blossom into 자라서 …이 되다
□ treat A as B A를 B로 대하다
□ whip A from B A를 B에서 낚아채다
□ out to sea 멀리 바다로

Christine had laughed and kissed him on the cheek when he gave her the scarf. And Raoul had been in love with her ever since.

That year, they played together all summer. Monsieur Daae gave Raoul violin lessons. And every day he told them a new story.

One day, he told them the story of Little Lotte.

"Little Lotte had golden hair and clear blue eyes, just like you, Christine," said Monsieur Daae. "She loved [1] her red shoes and her violin. But most of all, she loved to hear the Angel of Music while she slept. But no one ever sees the Angel, and only a few people ever hear him. And they are amazed at his heavenly voice."

□ be in love with …와 사랑하다
□ ever since 이후 줄곧
□ clear blue 새파란
□ most of all 무엇보다도
□ be amazed at …에 깜짝 놀라다
□ heavenly 천상의

1 just like 꼭 …처럼
Little Lotte had golden hair and clear blue eyes, just like you.
어린 로테는 꼭 너처럼 금발 머리와 새파란 눈을 가졌단다.

Then Christine asked her father if he had ever heard the Angel of Music. But he shook his head, and said sadly, "No, my child. But I'm sure you will hear him one day. When I die, I will send him to you!"

Three years later, Christine and Raoul met again at Perros. They spent every day talking. And when it came time for them to part, Raoul kissed Christine [2] on the lips, and said, "I will never forget you!"

❓ Little Lotte loved her
L _____ shoes.

정답 red

---

2 **When it comes time for** + 사람(A) + **to** + 동사원형(B) A가 B할 시간이 되자
When it came time for them to part, Raoul kissed Christine on the lips. 그들이 헤어질 시간이 되자, 라울은 크리스틴의 입술에 키스했다.

Mini-Less :☀: n

if : …인지 (아닌지)

if가 ask, know, find out, wonder 등의 동사 뒤에서 목적절을 이끌 경우
'…인지 (아닌지)' 라는 뜻의 접속사로 쓰인답니다.

• Christine asked her father if he had ever heard the Angel of Music.
  크리스틴은 아버지에게 음악 천사의 목소리를 들어본 적이 있는지 물었다.

• Do you know if he's married? 그가 결혼했는지 안 했는지 아니?

At last, Raoul arrived at Perros and hurried to the Setting Sun Inn. When Christine saw him in the sitting room, she blushed and said, "I was sure you would come. Someone at the church told me you had arrived."

"Who?" asked Raoul.

"Oh, my poor dead father, of course."

Then Raoul asked, "But did he also tell you that I've always loved you and want to marry you?"

"Don't be silly, Raoul. How can you still love me after so many years?"

"It's true, Christine!" said Raoul.

"I don't want you to tell me such things," she cried.

"Then why did you ask me to come?" he said.

"When I saw you the other evening, I remembered the fun we had as children."

"So, why did you say that you didn't remember me that night?"

But, Christine didn't answer Raoul.

"Was there someone else in your dressing room?" he asked.

"What do you mean, Raoul?"

"Who was that man in your dressing room? Tell me!"

"Were you listening outside my door?"

"Yes! And I heard everything he said!"

At these words, Christine turned pale, and tears fell down her cheeks. Raoul tried to take her in his arms, but she hurried to her room without saying another word. Poor Raoul didn't know what to do.

□ sitting room 휴게실; 거실
□ blush 얼굴을 붉히다

□ as children 어린 시절
□ take ... in one's arms ···을 품에 안다

That frosty evening, Raoul walked up to the little churchyard on the hill. He read the inscriptions on the headstones, then stood for a while gazing out to sea. The icy darkness closed in around him. Suddenly, he heard someone behind him, and turned to see Christine.

"Do you remember the stories about the Angel of Music?" she asked.

"How can I forget them!"

"It's the Angel of Music who comes to my dressing room."

"I heard the Angel of Music?"

Christine moved closer to Raoul, and looked into his eyes.

"Yes," she said. Raoul began to laugh, and said, "After you left, I went into your dressing room. It was empty! Someone is playing a trick on you!"

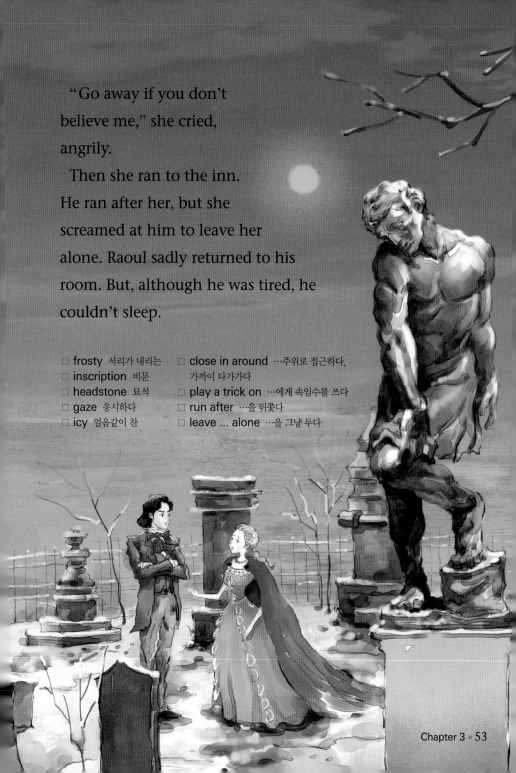

"Go away if you don't believe me," she cried, angrily.

Then she ran to the inn. He ran after her, but she screamed at him to leave her alone. Raoul sadly returned to his room. But, although he was tired, he couldn't sleep.

□ frosty 서리가 내리는
□ inscription 비문
□ headstone 묘석
□ gaze 응시하다
□ icy 얼음같이 찬
□ close in around …주위로 접근하다, 가까이 다가가다
□ play a trick on …에게 속임수를 쓰다
□ run after …을 뒤쫓다
□ leave ... alone …을 그냥 두다

Later that night, Raoul heard someone outside his room. He quietly opened the door, and was surprised to see Christine hurrying along the passage.

He followed her to the little churchyard. She seemed to be in a dream as she prayed at her father's grave. Then, Christine lifted her arms toward the sky.

It was then, in the still night air, that he heard the [1] music that Monsieur Daae had often played — *The Resurrection of Lazarus*"! 요한 크리스토프 바흐가 작곡한 종교적인 내용을 담고 있는 오라토리오(성악곡의 일종)예요.

The following morning, Raoul was found on the high altar in the church. He was freezing cold and barely alive, so they carried him quickly back to the inn, and a doctor was called.

"Christine didn't see me!" cried Raoul. "But when she left, I saw a shadow hurrying into the church. I chased it and caught hold of its cloak. When it turned toward me, I saw the Mask of Death! It was horrible, just horrible!"

"You've had a terrible nightmare," said the doctor.

"No! Everything I told you is true!" cried Raoul.

After a week, he felt well enough to return to Paris.

□ grave 무덤
□ still 고요한
□ resurrection 부활
□ altar 제단
□ freezing cold 너무나 추운

□ barely 가까스로
□ chase 뒤쫓다
□ catch hold of …을 잡다
  (catch-caught-caught)
□ cloak 망토

---

1 **It is A that** 절(**B**) B한 것은 바로 A이다 (강조)
   It was then, in the still night air, that he heard the music.
   라울이 그 음악을 들은 것은 바로 그때, 고요한 밤하늘에서였다.

Check-up Time!

● **WORDS**

퍼즐의 빈칸에 들어갈 알맞은 철자를 써서 단어를 완성하세요.

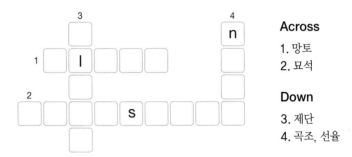

Across

1. 망토
2. 묘석

Down

3. 제단
4. 곡조, 선율

● **STRUCTURE**

주어진 단어를 어순과 문형에 맞게 쓰세요.

1 That is exactly _____ _____ _____!
  (Raoul, what, did)

2 When it came time _____ _____ _____
  _____, Raoul kissed Christine on the lips.
  (for, part, them, to)

3 _____ _____ then, in the still night air,
  _____ he heard the music. (that, it, was)

본문의 내용과 일치하면 T, 일치하지 않으면 F에 표시하세요.

1 Raoul saved Christine from the sea years ago. T F

2 Christine's father told her about Little Lotte. T F

3 Raoul told Christine that someone was playing
   a joke on her. T F

4 Raoul heard *The Resurrection of Lazarus*
   in the Opera House. T F

● SUMMARY

빈칸에 맞는 말을 골라 이야기를 완성하세요.

Raoul received a letter from Christine that she would
like to meet him in Perros. He caught the train and
thought of their (   ) on the way. Finally, he met
Christine and asked about the (   ) man who had
been in her dressing room. But she said it's the (   )
of Music. That night, Raoul followed her to the little
(   ) and saw the Mask of Death.

a. memories   b. churchyard

c. strange   d. Angel

Summary | a, c, d, b
Comprehension | 1. F 2. T 3. T 4. F

The Mystery of Box 5

5번 박스석의 비밀

Moncharmin and Richard went to the theater to inspect Box 5. There was no performance that evening, and it was quiet. They made their way through the rows of seats and looked up at Box 5. [1]

Suddenly, they saw a shape moving in the Box. Moncharmin thought he saw a Death Mask resting on the ledge. But Richard thought he saw an old woman who looked like Madame Giry. When the figure disappeared, they ran upstairs to Box 5. But they found nothing!

"Someone is playing a joke on us," laughed Richard. "We will watch the next performance from Box 5. Then we'll prove to everyone that the Phantom of the Opera is a fake!"

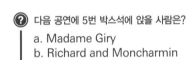

❓ 다음 공연에 5번 박스석에 앉을 사람은?
a. Madame Giry
b. Richard and Moncharmin
c. Phantom of the Opera

정답은 b

□ the rows of ⋯의 열(줄)들	□ rest 쉬다
□ look up at ⋯을 올려다 보다	□ ledge (벽에서 튀어나온) 선반
□ shape 형체 (= figure)	□ fake 가짜

1 **make one's way through** ⋯을 헤치고 나아가다
They made their way through the rows of seats and looked up at Box 5. 그들은 좌석의 열들을 헤치고 나아가 5번 박스석을 올려다 보았다.

On the day of the next performance, Moncharmin and Richard received another letter from the Phantom.

Dear Mr. Managers,

If you want peace, obey the following instructions.

1. Box 5 is mine. Only I may use it.

2. Christine must sing the part of Margarita tonight. Carlotta will be sick.

3. You must give Madame Giry her job back.

4. You must pay me my monthly allowance.

If you refuse, I will place a curse on this Opera House.

Phantom of the Opera

□ obey (규칙 등)을 따르다, 지키다
□ following 다음의

□ instruction 지시 사항
□ give A B back A에게 B를 돌려주다

"I am tired of all this nonsense," said Richard.
Later that day, Carlotta also received a letter.

If you appear on the stage tonight, something
unfortunate will happen to you.

She suspected Christine had something to do with [1]
it. She threw the letter into the fire and shrugged her
shoulders. Then she sang a few notes to reassure
herself.
"I will not be stopped from singing tonight," she [2]
said.

□ pay A B A에게 B를 지불하다
□ monthly 매달 지급되는
□ place a curse on …에
　 저주를 내리다

□ suspect 의심하다
□ shrug one's shoulders
　 어깨를 으쓱하다
□ reassure oneself 안심하다

1 **have something to do with** …와 관련이 있다
She suspected Christine had something to do with it.
그녀는 크리스틴이 이 일과 관련이 있다고 의심했다.

2 **주어(A)+be stopped from ...ing(B)** A가 B를 못하게 되다
I will not be stopped from singing tonight.
나는 오늘밤 노래를 못하게 되지 않을 거야.

That night, the theater was full for the performance.
Richard and Moncharmin sat in Box 5. At the
beginning of Act 1, Richard whispered, "Have you
heard anything yet?" 연극에서 쓰는 1막, 2막 등의 '막'을
가리키는 말이에요.

"No, but don't be in such a hurry," said Moncharmin,
quietly.

Carlotta did not appear in Act 1, and it ended without
any trouble. Richard said, "It seems the Phantom is
late! The performance is sold out. Not bad for a theater [1]
that is cursed!"

Then he pointed to a fat lady, dressed in black. She
was sitting directly beneath the magnificent chandelier
of a thousand lights.

"That woman there is Madame Giry's replacement,"
he said.

□ sold out 표가 매진된
□ be cursed 저주 받다
□ directly beneath …의 바로 밑에
□ chandelier 샹들리에
□ replacement 후임자; 교체
□ without incident 무사히

□ surround …을 둘러싸다
□ dim 어두워지다
□ spell 마법
□ bind 묶다
□ come out (말이) 나오다
□ toad 두꺼비

---

1 **Not bad for** …으로는 나쁘지 않은, 생각보다 괜찮은
Not bad for a theater that is cursed! 저주 받은 극장으로는 나쁘지 않군!

Act 2 also passed without incident. But when the managers returned to Box 5 for Act 3, they felt a strange iciness surround them. Then the lights dimmed, and the performance began. Christine appeared dressed as a young boy, and nervously sang her part.

Then Carlotta began to sing: *"Oh, how strange! Like a spell does the evening bind me!"*

But when she sang the third line, it came out as "Co-ack! Co-ack!"

She sounded like a toad! She tried again. "Co-ack! Co-ack!"

The audience was shocked. They couldn't believe their ears. At the same time, the managers heard the Phantom's quiet laughter, but they were too terrified to move.

"Her singing will bring down the chandelier tonight," he whispered.

Suddenly, a loud crack echoed around the theater. The audience looked up toward the ceiling. The enormous crystal chandelier began to slip down the chain that held it in place. Then it plunged down, [1] down, and smashed into the audience seated below!

There was chaos, people rushed for the doors screaming in terror. And when the chandelier was lifted from where it had landed, they found the body of Madame Giry's replacement.

The next day, the front page of all the newspapers carried the story: "*200 kilos fall on the head of the Box-keeper!*"

□ terrified 겁에 질린
□ crack 날카로운 소리
□ echo around (소리가) …에 울려 퍼지다
□ enormous 거대한
□ slip down …에서 미끄러지다

□ plunge down 추락하다
□ smash into …와 충돌하다, 부딪히다
□ chaos 혼란
□ in terror 공포에 질려, 깜짝 놀라서
□ land 떨어지다, 땅에 닿다
□ carry (기사)를 싣다, 보도하다

1 **hold ... in place** ···을 (제자리에) 잡아주다

The enormous crystal chandelier began to slip down the chain that held it in place.

거대한 크리스털 샹들리에가 그것을 잡아주는 쇠사슬에서 미끄러지기 시작했다.

On that tragic evening, Christine disappeared, and
was not seen again for two weeks. Raoul was worried.
He went to see the managers, but they were only
interested in the accident. So he went to visit
Madame Valerius.

"Do you know where Christine is?" he asked.

"Of course!" she said. "Christine is with the Angel
of Music! But, you must not tell anyone!"

"But, how can I find ..." he began.

The old lady put her finger to her lips and whispered, "Shhhh! Christine came to see me. She said you want to marry her. But, the Angel of Music forbids it!"

"But why?" asked Raoul.

"He told her that if she marries, she will never hear him again. But I thought she told you that when she met you in Perros."

"No, Madame, she did not!"

"Did she tell you that the Angel went with her to Perros? He played '*The Resurrection of Lazarus*' on her father's violin!"

Raoul was shocked. He had heard that music.

"And where does this Angel live?" he asked.

"In Heaven, of course. But, every morning for the last three months, he has given Christine singing lessons in her dressing room."

"I have been foolish!" thought Raoul. "She has lied to me! How can I trust her again?"

□ tragic 비극의
□ must not + 동사원형 …해서는 안 된다
□ put ... to one's lips …을 입술에 갖다 대다

□ forbid 금지하다
□ foolish 어리석은
□ lie to …에게 거짓말하다
□ trust 신뢰하다

Raoul said farewell to Madame Valerius, and hurried to his brother's house. But Philippe had some bad news for Raoul.

"Last night, Christine was seen in a carriage in the woods. With her, was a mysterious, shadowy figure." ☀

Raoul was upset. He didn't want to believe it.

"I must see this for myself," he thought.

So, at ten o'clock that night, he went for a walk in the woods. It was very cold, but the moon was shining brightly. About half an hour later, a carriage came slowly down the road toward him. He caught a glimpse of Christine's pale face in the window.

"Christine!" he cried.

But, at the sound of his cry, the carriage sped away. He ran after it, but the carriage was too fast! Raoul was heartbroken!

□ say farewell to …에게
　작별을 고하다
□ carriage 마차
□ mysterious 신비스러운
□ shadowy 어슴푸레한
□ figure 형체

□ for oneself 직접, 스스로
□ catch a glimpse of …을 언뜻 보다
　(catch-caught-caught)
□ speed away 재빨리 가버리다
　(speed-sped-sped)
□ heartbroken 가슴이 찢어지는

Mini-Lesson

See p.123

도치: 부사구＋동사＋주어

With her, was a mysterious, shadowy figure. '그녀 옆에는 신비스러운 어슴푸레한 형체가 있었다.'는 주어(a mysterious, shadowy figure)와 동사(was)의 위치가 바뀌었는데, 이는 부사구 with her를 강조하기 위해 문두에 두었기 때문이랍니다.

• Behind the house, stood a pretty girl. 집 뒤에는 예쁜 소녀가 서 있었다.

 # Check-up Time!

● **WORDS**

빈칸에 들어갈 알맞은 단어를 고르세요.

1 You must pay me my _____ allowance.

    a. heartbroken   b. monthly   c. fake

2 The managers heard the Phantom's laughter, but they were too _____ to move.

    a. enormous   b. mysterious   c. terrified

3 The front page of all the newspapers _____ the story.

    a. carried   b. smashed   c. dimmed

● **STRUCTURE**

빈칸에 알맞은 전치사를 보기에서 골라 써넣으세요.

from	in	with

1 I will not be stopped _____ singing tonight.

2 She suspected Christine had something to do _____ it.

3 The enormous crystal chandelier began to slip down the chain that held it _____ place.

본문의 내용에 맞게 알맞은 단어를 골라 문장을 완성하세요.

1 Moncharmin thought he saw _____ resting on the ledge in the Box.

    a. Madame Giry   b. a singer   c. a Death Mask

2 When Charlotta sang the third line, it came out "Co-ack! Co-ack!" She sounded like a _____!

    a. toad   b. parrot   c. cat

● SUMMARY

빈칸에 맞는 말을 골라 이야기를 완성하세요.

New managers (   ) Box 5, but they found nothing. They decided to watch the next performance there. On the day of the next performance, they received another letter from the Phantom again, but they ignored. That night, Carlotta made a (   ) voice, and the chandelier fell down to the new (   ). Christine disappeared after that accident. But one night, Raoul saw Christine in a (   ) with a mysterious man.

a. carriage

c. box-keeper

b. inspected

d. terrible

〈오페라의 유령〉의 이야기는 사실일까?

Is the Story True?

Whether *The Phantom of the Opera* is a true story or not is still debated among some people. Certain events and characters are based on actual occurrences – the huge glass chandelier did fall from the ceiling, and Christine's story and childhood are based on the singer Christine Nilsson. In addition, some people claim that a skeleton and a ring, as described in the novel, were found early in the 20th century.

Although it is hard to tell whether the storyline is true or not, the opera house in this story is still in Paris today. The Paris Opera House was built from 1861 to 1875. It has 17 floors, 10 above ground, and 7 below ground level. Behind the stage, there are many rooms – dressing rooms for the actors and dancers and rooms for the stage workers. Also there are many stairs and passages. In the 1900s, there was an underground lake. Gaston Leroux visited the Paris Opera House many times and liked it. The strange stories he heard about the opera house, inspired him to write *The Phantom of the Opera*.

〈오페라의 유령〉이 진짜 이야기인지 아닌지는 몇몇 사람들 사이에서 여전한 논쟁거리에요. 특정 사건과 인물은 실제로 발생한 일들에 근거하고 있어요. 가령 거대한 유리 샹들리에가 천장에서 정말 떨어진 것, 크리스틴의 이야기와 어린 시절이 크리스틴 닐슨이라는 가수에 근거하고 있다는 것 등이죠. 또한 몇몇 사람들은 소설에서 묘사된 것처럼 반지를 낀 유골이 20세기 초에 발견되었다고 주장하기도 해요.

이야기가 사실인지 아닌지에 대해서 판단하긴 어렵지만 〈오페라의 유령〉에 나오는 오페라 하우스는 오늘날 파리에 있는 실제 장소예요. '파리 오페라 하우스'는 1861년부터 1875년까지 지어졌어요. 17층으로 구성되어 있는데, 지상에 10층, 지하에 7층이 있어요. 무대 뒤에는 여러 공간들이 있는데, 연기자와 무용수를 위한 의상실, 무대 인부들을 위한 공간이에요. 또 계단과 복도가 정말 많아요. 1900년대에는 지하 호수도 있었어요.

가스통 루르는 '파리 오페라 하우스'를 자주 방문했고 그곳을 좋아했어요. 그는 이 오페라 하우스에 대한 이상한 이야기를 듣기도 했는데, 이는 그가 〈오페라의 유령〉을 쓰는 데 영감을 주었지요.

Who Is Erik?

에릭은 누구인가?

The next day, Raoul received a letter from Christine.

Dearest Raoul,

There is a masked party at the Opera House tomorrow night. Meet me there at midnight. Dress in white, so I'll know it's you. If you love me, make sure no one recognizes you.

Christine

The following evening, Raoul arrived at the meeting place at midnight. He wore a white mask, and a long white coat. The room was crammed full of masked people, and he could hardly move. Then a woman, wearing a black mask and dress, approached him.

She put her finger to her lips and whispered, "Come with me."

It was Christine! Out in the hall, Christine and Raoul saw a strange figure surrounded by other guests.

□ masked party 가면 무도회
□ make sure 반드시 …하도록 하다
□ recognize 알아보다
□ the following evening 그 다음날 밤
□ be crammed 꽉 들어차다
□ can hardly + 동사원형
　거의 …할 수가 없다
□ approach …에게 다가오다〔가다〕

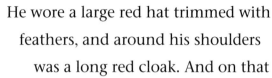

He wore a large red hat trimmed with feathers, and around his shoulders was a long red cloak. And on that cloak, written in gold, were the words, "Do Not Touch Me! I am Death!" But what terrified them the most was his death mask.

"Oh, no," cried Raoul, "That's who I saw in Perros! It's the Mask of Death!" [1]

He wanted to tear off the stranger's mask, but Christine grabbed his arm. Then he followed her up the stairs to the second floor.

"Hide in here, I think he's following us!" whispered Christine.

She pushed Raoul into a private box, and closed the door.

"Tell me, Christine, is it the Angel of Music that loves you?"

"If you love me as I love you, don't ask me silly questions!" she said.

Raoul was stunned. Christine had said she loved him!

Then he laughed and said, "You are lying again!"

"Don't say that, Raoul! One day you will beg me to forgive you for all those ugly words! Now I must say goodbye! You will never see me again!"

"But, where you are going?"

"I can't tell you now, you would not believe me."

Then she slipped out the door. Raoul dared not follow her.

□ **trimmed with** ⋯로
　(가장자리가) 장식된
□ **feather** 깃털
□ **terrify** ⋯을 겁먹게 하다
□ **tear off** 떼어내다
□ **grab** 움켜잡다
□ **be stunned** 깜짝 놀라다
□ **beg + 목적어(A) + to + 동사원형(B)**
　A에게 B해 달라고 간청하다
□ **slip out (of)** ⋯을 살며시
　빠져나가다
□ **dare (to) + 동사원형**
　감히 ⋯하다

1 **That's who절** 저 사람이 바로 ⋯한 사람이다
That's who I saw in Perros!
저 사람이 바로 내가 페로에서 본 사람이에요!

At two o'clock in the morning, Raoul went to Christine's dressing room. But it was empty, so he hid behind a curtain and waited. Soon, Christine entered, and took off her mask.

Just then, Raoul heard a man's beautiful, soft voice singing a haunting, ghostly melody. And it was getting closer and louder. He peeked through the curtain, but saw no one but Christine. [1]

She was smiling, and called, "I'm here, Erik!"

Then he remembered the song! It was "*The Wedding Night Song*"!

Christine stretched out her arms and walked toward her image in the mirror. Raoul pulled back the curtain and followed her. The two Christines: the real one and the reflection touched. Raoul put out his arms to grab them.

Suddenly, he was flung back by an icy blast. Then he saw, not two, not eight, but twenty Christines spinning around and laughing at him! All of a sudden, everything stood still again. But there was no sign of Christine! Raoul pushed and pulled the mirror, but it would not move. [2]

"Who is Erik?" he said softly.

□ take off 벗다
□ haunting 잊혀지지 않는
□ ghostly 기이한, 섬뜩한
□ get + 형용사의 비교급 점점 더 ⋯하다
□ peek through ⋯사이로 엿보다
□ stretch(put) out ⋯을 쭉 뻗다
□ pull back ⋯을 젖히다

□ reflection (거울 등에 비친) 상
□ be flung back 뒤로 내동댕이쳐지다
  (fling-flung-flung)
□ blast (휙 하고 몰아친) 강한 바람
□ not A but B A가 아니라 B
□ spin around (빙빙) 돌다, 회전하다
□ stand still 정지하다, 가만히 있다

---

1 **no one but** ⋯외에는 아무도
He peeked through the curtain, but saw no one but Christine.
그는 커튼 사이로 엿보았지만, 크리스틴 외에는 아무도 없었다.

2 **would not + 동사원형** ⋯하려 하지 않았다 (거부 · 거절)
Raoul pushed and pulled the mirror, but it would not move.
라울은 거울을 밀고 당겼으나, 그것은 움직이려 하지 않았다.

The day after Christine disappeared, Raoul went to the home of Madame Valerius. He was surprised to see Christine there. And she was wearing a gold ring.

"Are you married?" he demanded.

"No, I will never marry," she cried.

"But, why are you wearing a wedding ring?"

"I cannot tell you!" cried Christine.

"I was in your dressing room on the night of the masked ball," he said. "I know the Angel of Music is called Erik."

Christine was shocked, and cried, "Do you want to be killed? Promise you will only come to my dressing room if I send for you."

"Can I see you tomorrow?" he pleaded.

"Tomorrow will be fine."

"Then I promise to do as you ask."

The next day, when Raoul saw Christine, she was still wearing the ring. She was kind and gentle, and they talked about his plans for the future.

□ masked ball 가면 무도회
□ be called …라고 불리다
□ plead 간청하다
□ as you ask 당신이 부탁한 대로
□ expedition 원정, 탐험
□ engagement 약혼

"In three weeks, I'm going to the North Pole. Perhaps I'll die during the expedition!"

"Or I," she said quietly.

All of a sudden, Raoul took Christine's hand and knelt before her.

"Will you marry me?" he asked softly.

"I cannot! But we can have a secret engagement. Let's spend some happy times together before you leave."

It was the sweetest time in the world. They spoke of their feelings for each other and exchanged promises of love. But, after seven days, Raoul could no longer pretend to be happy.

"I'm not going away!" he declared. "I can't leave you!"

It was then that Christine realized the danger of their secret engagement. She said nothing, and simply disappeared.

Christine returned to the stage two days later. Since the incident of the "toad," Carlotta had not reappeared on stage. Christine took her place, and was greeted with thunderous applause. But when Raoul heard [1] Christine singing, his heart ached.

- □ the sweetest time 가장 행복한 시간
- □ exchange 주고받다
- □ pretend to + 동사원형
  …한[인] 척하다
- □ declare 선언하다
- □ the danger of …의 위험성
- □ reappear 다시 나타나다
- □ take one's place [the place]
  자리를 대신하다
- □ ache 아프다

---

[1] **be greeted with thunderous applause** 우레와 같은 갈채를 받다
Christine took her place, and was greeted with thunderous applause. 크리스틴이 그녀 대신 출연해 우레와 같은 갈채를 받았다.

After the performance, Raoul ran to Christine's dressing room. He took her hand and cried, "I will go away, if you promise to see me again."

Then Christine whispered, "Be happy, Raoul. I sang for you tonight!"

? Christine took the place of
L ＿＿＿＿＿＿ on stage.

정답 Carlotta

Christine and Raoul spent the next few days happily exploring the upper floors of the Opera House. Christine showed Raoul the stage and the wardrobe room. She took him to the dancing school where the young girls practiced their steps. They walked in the gardens, and then returned to explore more of the Opera's seventeen floors.

"Why don't you show me the cellars?" asked Raoul.

But, Christine began to tremble and shook her head.

"No! No, I cannot," she whispered. "Everything underground belongs to him."

Suddenly, they heard a trapdoor slam shut!

"Perhaps HE was here, listening to us!" said Raoul.

Christine shrugged her shoulders, but seemed nervous. "No, no, it was the trapdoor shutters."

"That was Erik, for sure! He heard everything!"

"No, it's not possible," said Christine. "Now, let's not talk about it anymore."

Christine walked away.

□ upper floor 위층
□ wardrobe room 의상실
□ dancing school 무용 교습실
□ practice one's steps 스텝을 연습하다
□ underground 지하의
□ belong to …의 것이다
□ trapdoor 뚜껑문
□ shutter 덧문

 # Check-up Time!

● **WORDS**

빈칸에 알맞은 단어를 보기에서 골라 써넣으세요.

blast   reflection   wardrobe   expedition

1 The two Christines: the real one and the _____ touched.

2 Suddenly, he was flung back by an icy _____.

3 I'm going to the North Pole. Perhaps I'll die during the _____!

4 Christine showed Raoul the stage and the _____ room.

● **STRUCTURE**

밑줄 친 단어의 쓰임이 보기와 같은 문장을 고르세요.

> He peeked through the curtain, but saw no one <u>but</u> Christine.

a. He asked me of think of nothing <u>but</u> music.

b. He saw not two, <u>but</u> twenty Christines around him!

c. I am very busy now, <u>but</u> I will help you.

가면 무도회에 간 등장인물의 복장을 알맞게 설명한 것을 찾아 기호를 써넣으세요.

a.

Erik

b.

Christine

c.

Raoul

1 _____ wore a black mask and dress.

2 _____ wore a white mask, and a long white coat.

3 _____ wore a large red hat trimmed with feathers, and around his shoulders was a long red cloak.

● SUMMARY

빈칸에 맞는 말을 골라 이야기를 완성하세요.

At a ( ) party, Raoul and Christine met secretly. That night, Raoul went to her dressing room and hid behind the ( ). He saw Christine coming and disappearing into the ( ). The next day, Raoul found Christine in Madame Valerius' house. He asked her to marry him, but she suggested a secret ( ) until his voyage to the North Pole.

a. curtain   b. engagement

c. mirror   d. masked

ANSWERS

A Mysterious Disappearance
의문의 실종

One afternoon, Christine was late for her meeting with Raoul. When she arrived, her face was white, and her eyes were red.

"You have been crying," said Raoul. "Let me take ☀ you far away from here right now!"

Then Christine took his hand and led him up to the roof. They could see all of Paris stretching out below them. They slowly breathed in the cool fresh air, and began to relax.

□ disappearance 실종
□ far away from …에서 멀리 떨어진 곳에
□ stretch out (광경 등이) 펼쳐지다
□ breathe in …을 들이마시다

"I will go with you, Raoul," said Christine. "But
when the time comes for us to leave, if I refuse to go,
you must make me go!"

"Are you afraid you will change your mind,
Christine?"

Mini-Less✷n

현재완료진행: have been ...ing

See p.124

과거부터 현재까지 계속 진행되고 있는 일이나 최근까지 했던 행동을 나타낼 때는
현재완료진행 시제를 사용한답니다. 「have (has) been ...ing」의 형태를 써서 말이죠.

• You have been crying. 당신은 울고 있었군요.
• Sam has been studying for three hours. 샘은 3시간 째 공부하고 있는 중이다.

"No, but an invisible force draws me to him! He's a monster, yet he tells me he loves me!" [1]

"My dearest Christine, we must escape at once!" said Raoul.

"No! Tomorrow night I'll sing for him. Come for me as soon as the performance is over."

Then Christine sighed, and another sigh echoed around them.

"What was that?" she asked, anxiously. "Did you hear something?"

"It was just the wind," said Raoul. "Tell me about the first time you saw Erik."

"I heard Erik for three months before I saw him. His angelic voice captivated me. He said he was the Angel of Music, so I thought I could trust him. My voice improved greatly with his lessons. Then one day, I told him I was in love with you. For a long time, he would not sing or speak to me."

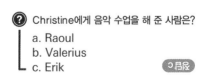

Christine에게 음악 수업을 해 준 사람은?
a. Raoul
b. Valerius
c. Erik

정답: c

Christine sighed and continued, "Do you remember the night the chandelier came down?"

Raoul nodded, how could he ever forget!

1 **yet** 하지만 (= but)

He's a monster, yet he tells me he loves me!
그는 괴물이에요, 하지만 나를 사랑한대요!

☐ invisible force 보이지 않는 힘
☐ draw A to B A(의 마음)를
　 B에게로 이끌다
☐ escape 탈출하다

☐ as soon as ⋯하자마자 곧
☐ be over 끝나다
☐ improve 향상되다
☐ nod (고개를) 끄덕이다

"That was the first time I saw him. He dragged me down to the cellars! He rowed me across the underground lake, and took me into a room full of sweet scented flowers. 'Don't be afraid,' he said. But I was angry and tried to pull the mask from his face. He grabbed my hands and said, 'Don't touch my mask if you want to survive!' I was frightened! When he knelt in front of me, I began to cry. 'Christine, I am not an angel or a genius! I am Erik!' he said."

Then from somewhere in the shadows came the whisper, "I am Erik!"

Christine and Raoul looked around, but all they could see were shadows.

"He said that he loved me," continued Christine. "He asked me to stay with him and think of nothing but music. He said he would free me after five days if I promised to visit him sometimes. So I agreed. But, I wanted to see beneath his mask, so I tore it off! Oh, what horror! I'll never forget the terrible sight! I can still see the anger and feel the fury radiating from his whole body."

With tears in her eyes, she continued, "Then he said I could never leave him, because I had seen his ugly face!"

□ drag A down to B A를 아래쪽 B로 끌고 가다
□ row 노를 저어 …을 데려가다
□ sweet scented 향기로운
□ survive 살아남다
□ genius 천재
□ nothing but 오직 (= only)
□ free …을 놓아주다
□ fury 분노
□ radiate from …에서 발산하다

"Let me take you away from this evil monster!" cried Raoul.

"No, I have to tell you everything! I said to him, 'Erik, show me your face without fear. You are an unhappy genius, but you have a heavenly voice.' He immediately knelt at my feet. I burnt his mask, and for two weeks he did whatever I asked. He's very jealous, so I told him you were going away soon."

"If Erik was handsome, would you still love me?" asked Raoul.

Mini-Lesson

도치: 부정어 + do 동사 + 주어 + 동사원형

never, hardly, little 등과 같은 부정어들을 강조하기 위해 문두에 둘 때는 어순이 「동사+주어」로 도치되어야 합니다. 그러나 동사가 일반동사인 경우에는 인칭과 시제가 표시된 대동사 do를 앞으로 내보내고, 그 뒤에 「주어+동사원형」의 어순을 취한답니다.

- Little did they know that Erik was hiding in the shadows.
  에릭이 어둠 속에 숨어있다는 것을 그들은 거의 알지 못했다.
- Never did I imagine that I would study with him.
  내가 그와 함께 공부하게 되리라고는 상상도 못했다.

Christine put her arms around his neck, and said, "If I did not love you, I would not want you to kiss me!"

Just as their lips met, a violent storm broke over Paris. They fled indoors for shelter. Little did they know that Erik was hiding in the shadows. ☀

□ immediately 즉시
□ jealous 질투가 많은
□ put one's arms around
　…에 양팔을 두르다

□ violent 격렬한, 극심한
□ break over …을 덮치다
□ flee 도망치다 (flee-fled-fled)
□ for shelter 피할 곳을 찾아서

□ brilliant (색깔이) 밝은, 선명한
□ pointed hat 끝이 뾰족한 모자
□ freedom 자유
□ punish 벌을 주다
□ rub 문지르다, 비비다

As Christine and Raoul ran down the stairs, they met a strange man coming up. His skin was dark, and his eyes were a brilliant green. He wore a pointed hat and a long coat.

"No, not that way!" He pointed down another passageway.

"Who is that man?" whispered Raoul, as they ran along the passageway.

"Everyone calls him, the Persian. He is always in the Opera House."

Then she cried suddenly, "Oh, no! The ring, I've lost the ring he gave me!"

"So it was Erik who gave you the ring?"

"Yes, he gave me my freedom because I promised to wear it always! He will punish us now!"

They searched everywhere, but they couldn't find it!

"Why don't we leave right now?" said Raoul.

"No, it must be tomorrow!" cried Christine. Then she hurried away, rubbing her finger.

❓ Persian에 대한 묘사가 아닌 것은?

a. dark hair
b. green eyes
c. pointed hat

정답 a

The next day, Raoul spent all day making plans for the escape. He ordered a carriage to be ready outside the Opera at the end of the performance.

That night, the Opera house was crowded. Christine sang with all her heart and soul.

"Holy angel, in Heaven blessed, my spirit is desperate to rest with you."

Suddenly, at that very moment, the lights went out! The singers, dancers and audience were crying and shouting. When the lights came back on, Christine had disappeared!

□ make plans for …의 계획을 세우다
□ with all one's heart and soul 진심으로, 열성을 다해
□ be desperate to + 동사원형 …하기를 간절히 원하다
□ go out (불 등이) 꺼지다
□ come back on (불 등이) 다시 켜지다
□ rescue 구출하다
□ get out of one's way (…가 가는 길에서) 비키다

Raoul rushed onto the stage. He called her name again and again, but she wasn't there.

"Erik has taken her!" he cried. "I should have run away with her yesterday!"

When Raoul hurried to her dressing room, he met the mysterious stranger again.

"Where are you going so fast?" asked the Persian.

"To rescue Christine! Now get out of my way!"

"I can take you to her. They're in the house by the underground lake."

 **Check-up Time!**

● **WORDS**

퍼즐의 빈칸에 들어갈 알맞은 철자를 써서 단어를 완성하세요.

```
          4
          S
    3
    e
        1
2       V
```

Across

1. …을 놓아주다
2. 향상되다

Down

3. 탈출하다
4. 살아남다

● **STRUCTURE**

다음을 어순에 맞게 쓰세요.

1 They knew little that Erik was hiding in the shadows.

→ Little _____ _____ _____ that Erik was hiding in the shadows.

2 Mary seldom saw her father because he was always busy working.

→ Seldom _____ _____ _____ her father because he was always busy working.

● COMPREHENSION

본문의 내용과 일치하면 T, 일치하지 않으면 F에 표시하세요.

1 Erik took Christine down to his house at the
   night the chandelier came down.　　　　T　F

2 Christine promised Erik to visit him every day.　T　F

3 Christine never wanted to take off Erik's mask.　T　F

4 Christine told Erik that Raoul was leaving soon
   because Erik was very jealous.　　　　T　F

● SUMMARY

빈칸에 맞는 말을 골라 이야기를 완성하세요.

One day, Christine and Raoul talked on the (　　). She said she would go with him when he left, and told him the whole story about the Phantom, Erik. They kissed, but didn't know that Erik was in the (　　). As Christine and Raoul went inside the Opera House, they met a strange man called (　　). The next night, the lights went out suddenly during the performance, and Christine (　　).

a. Persian　　　　b. shadows

c. roof　　　　　d. disappeared

CHAPTER 7

The Last of the Phantom

유령의 최후

"Take one of my guns," said the Persian. "We must be prepared for anything! We will be fighting the worst enemy you can imagine!"

"Why are you risking your life to help me? Do you hate Erik?" said Raoul.

"No," said the Persian sadly. "If I hated him, he would no longer be alive!"

"Why do you and Christine talk of him as a monster, yet treat him with pity?" said Raoul.

"There's no time to talk about it now. Let's go."

Then they went into Christine's dressing room. The Persian pressed his hands against the mirror. But nothing happened.

"He's locked the opening to the cellars! He can move walls, and open doors and trapdoor that are closed to other people!"

"But how does he do that?" asked Raoul. "He didn't build the Opera!"

"Oh, but he did!" said the Persian.

Raoul looked at him in amazement. Then the Persian put his finger to his lips, and pointed to the mirror. It was shaking! They touched it. Suddenly, they heard a click, and the mirror turned carrying the two men with it.

□ be prepared for ···에 대비하고 있다
□ enemy 적
□ imagine 상상하다
□ risk one's life 목숨을 걸다

□ treat ... with pity ···을 동정심으로 대하다
□ press A against B A를 B에 대고 밀다
□ opening to ···로 통하는 통로
□ in amazement 놀라서, 어이가 없어서

Now, they were in a long dark tunnel. The Persian lit his lamp and said, "We can enter Erik's home from the third cellar. Follow me!"

Raoul followed the Persian down staircases and through dark tunnels. Suddenly, he stopped and held up his hand. They heard a noise that was getting closer and closer. Then they felt the fat, furry bodies of hundreds of large rats running past them.

Eventually, they came to the third cellar. The Persian pushed at a large stone in the wall. It gave way, and a large hole appeared. They crawled through.

"We must lower ourselves down to the floor below," he said.

When they had done so, he whispered, "Shhh, be careful! We are in Erik's torture room!"

□ hold up one's hand
　손을 들어올리다
□ furry 털이 북슬북슬한
□ run past …을 지나서 달리다

□ give way 길을 내주다
□ crawl through 기어서 나가다
□ lower (자세를) 낮추다
□ torture room 고문실

The room was very dark. Suddenly, Raoul and the Persian heard Erik talking to Christine. "I want a wife! Look, I've even made myself a mask to look like everyone else. But why are you crying, Christine? You know you can have anything you want!"

But she couldn't answer, and continued to sob pitifully. Then they heard a bell ringing.

"Who dares come to my home?" roared Erik.

He left, and Christine was alone. Raoul tapped on the wall and called, "Christine!"

There was no answer. He called again. At last, he heard a faint voice. "Where are you, Raoul?"

"I'm coming to save you!"

□ pitifully 애처롭게
□ roar 고함치다; 으르렁대다
□ tap on …을 톡톡 두드리다
□ faint (소리 등이) 희미한

□ be tied to …에 묶여 있다
□ release 풀어주다
□ funeral song 장송곡
□ let out (신음소리 등을) 내다

"Be quick, Erik will be back soon! He said everyone would die if I don't agree to marry him! I have to decide before eleven o'clock!"

"Oh, Christine!" said Raoul and began to sob.

"Shhh, he's coming back!" she whispered.

Erik came into the room.

"Please untie me," said Christine. "I can't think while I'm tied to this chair."

He released her, and began to sing a sad funeral song. Raoul let out a faint cry.

"What was that?" said Erik. "Someone is in the torture room!"

Suddenly, the torture room was flooded with light. There was nowhere for Raoul and the Persian to hide.

"It's getting very hot in here!" said Christine.

"Yes, but it's even hotter in the torture room!" said Erik.

Raoul touched the walls. They were red hot.

"He means to roast us alive," he whispered.

Then, a loud evil laugh echoed in their ears! Raoul and the Persian looked around for a way to escape. They were in the middle of a small six-cornered room. Mirrors covered the walls.

"Don't worry, Raoul," said the Persian. "I'll find a way out of here."

The Persian searched, but was soon overcome by the heat and thirst. They began to imagine things that weren't there!

Mini-Less❀n

See p.125

비교급 수식 부사

even, much, far, a lot 등의 부사가 형용사의 비교급 앞에 쓰이면 '훨씬 더 …한' 이라는 뜻을 만든답니다.

• It's even hotter in the torture room! 고문실 안은 훨씬 더 뜨겁소!
• He is much stronger than you. 그는 너보다 훨씬 더 강하다.

"Look, a waterfall!" whispered Raoul.

He licked his dry lips, and crawled toward one of the mirrors. But it wasn't a waterfall, it was just another of Erik's tricks!

□ be flooded with …로 가득 차다
□ roast 굽다
□ six-cornered 육각형의
□ be overcome by …에 압도당하다
□ heat 열기

□ thirst 갈증
□ waterfall 폭포
□ lick 핥다
□ crawl toward …을 향해 기어가다

It was then that the Persian saw the black nail sticking out from the wall. He pushed it, and a trapdoor opened! Cool air poured over their burning faces.

"Come, Raoul, this is the way to the next cellar!" said the Persian.

They hurried down the stairs, hoping to find something to drink. But, instead of water, they found a cellar full of barrels of gunpowder.

"Erik means to blow up the Opera House if Christine doesn't marry him!" said the Persian.

They quickly climbed back up the stairs. Then they heard someone tapping on the wall.

"Are you there, Raoul?" whispered Christine.

☐ stick out 툭 튀어나오다
☐ pour over …위로 (마구) 쏟아지다
☐ burning 타는 듯 화끈거리는
☐ barrel (목재로 된 대형) 통
☐ gunpowder 화약

☐ mean to + 동사원형 …할 작정이다
☐ blow up 날려버리다
☐ bronze 청동
☐ scorpion 전갈
☐ grasshopper 메뚜기

1 **might have + p.p.** …했는지도 모르다
  Erik might have tricked you again!
  에릭이 당신에게 또 속임수를 썼는지도 몰라요!

"Yes, I'm here," he called. "But, what's the time?"

"It's five minutes to eleven o'clock! I have to choose between a bronze scorpion and a bronze grasshopper. Erik said, if I choose the scorpion, I have agreed to marry him! Then he told me to be careful because if I choose the grasshopper, it will hop very high!"

"Christine, where are you?" the Persian cried.

"By the scorpion."

"Don't touch it!" he cried. "Erik might have tricked [1] you again!"

Suddenly, Raoul and the Persian heard Erik approaching. The Persian called anxiously, "Erik! It's me! Do you remember me?"

"So you're not dead!" he replied, calmly. "Now, Christine must choose whether we live or die!" [2]

❓ Scorpion을 선택할 경우 일어나는 일은?
  a. Christine will marry Erik.
  b. Erik will blow up the Opera.
  c. Scorpion will hop very high.

2 **whether A or B** A할지 B할지
Now, Christine must choose whether we live or die!
이제 크리스틴이 우리가 살지 죽을지 선택해야만 하네!

His evil laughter echoed around the cellar again.

"Dearest Christine, if you choose the grasshopper, most of Paris will be blown to pieces. If you choose the scorpion, all the powder will be soaked and drowned. Then we will marry!"

After a pause, Erik said, "Time is up, Christine!"

Raoul prayed! The Persian thought his heart would burst from fear!

"Erik," cried Christine, "swear to me that the scorpion is the one to choose?" [1]

"Yes."

"Erik! I have chosen the scorpion!"

Suddenly, they heard a loud hiss of steam. Then the sound of rushing water got louder. Soon the water rose in the cellar. It swirled up the stairway and swept Raoul and the Persian away.

□ be blown to pieces
　산산조각으로 날려지다
□ soak （액체에） 푹 담그다
□ be drowned （액체에） 잠기게 되다
□ after a pause 잠시 후에
□ Time is up 시간이 다 됐다

□ burst from fear 두려움으로 터지다
□ hiss 쉬익하는 소리
□ rushing water 세차게 흐르는 물
□ swirl up 소용돌이치며 …위로 올라가다
□ sweep ... away …을 휩쓸어가다
　（sweep-swept-swept）

1 **swear to A that절(B)** B라고 A에게 맹세하다
Swear to me that the scorpion is the one to choose?
전갈이 선택해야 하는 것이라고 나에게 맹세할 수 있어요?

A few days later, the Persian was surprised to find himself in his own bed. His faithful servant told him that a stranger had carried him home.

"Sir, someone is waiting to see you," said the servant.

It was Erik! He looked very ill and weak.

"Is Christine alive?" asked the Persian.

"Yes," said Erik.

"So, what have you done with Raoul?"

"I locked him in an empty room beneath the Opera House. I removed my mask, but Christine didn't run away! She let me kiss her! No woman, not even my mother, has ever let me kiss them before. My happiness was so great, I cried."

Erik sobbed loudly and fell into a chair. Great tears fell from his poor eyes.

"I returned the gold ring to Christine, and told her it was a wedding present from me. I released Raoul, but I made Christine promise to bury me with the gold ring when I die. Then she left with Raoul. But Christine will be back soon. I only have the strength to last a few more days! When I feel my death is near, I will send you a note. As soon as you receive it, please advertise my death in a newspaper. Then Christine will know it is time to return the ring."

That was the last time the Persian saw poor, unfortunate Erik. Three weeks later, a notice in a Paris newspaper said simply, *"Erik is dead!"*

□ faithful 충실한
□ remove 벗다, 제거하다
□ not even ⋯조차도 ~않은
□ fall into a chair
　의자에 털썩 주저앉다

□ bury A with B A를 B와 함께 묻다
□ strength 힘, 기운
□ last 견디다, 버티다
□ advertise 알리다, 광고하다
□ notice (신문 등의 짤막한) 공고문

For weeks, all Paris talked about the kidnapping of Christine and the disappearance of Raoul. Where was Christine? Where was Raoul? And where was the Phantom of the Opera?

But only one person knew the whole truth. After the Persian died, the story he had written about Erik was found among his papers.

"Erik was born in a small town near Rouen. He ran away at an early age, because his ugliness horrified his [1] parents. He traveled through Europe, and became famous for his magic tricks.

Eventually, I was sent to find Erik and bring him to the Shah of Persia. The Shah ordered Erik to build him a palace with secret rooms and trapdoors. But he realized that while Erik was alive, the secrets of his wonderful palace were not safe. So, the Shah ordered me to execute Erik. But I couldn't do it, and helped Erik escape.

Then he designed the Paris Opera, and all its secret underground passages and rooms. He could not live in the outside world, because of his terrible, ugly face. Poor, unhappy Erik!"

Many years later, a skeleton was found lying in the third cellar. It could not be identified, but it wore a plain gold ring on its finger. It was in the cellar where the "Angel of Music" had taken Christine Daae.

□ kidnapping 납치, 유괴
□ horrify ⋯을 몸서리치게 하다
□ magic trick 마술의 속임수
□ Shah (과거 이란의) 왕

□ execute 처형하다
□ skeleton 해골; 유해
□ identify (신원)을 확인하다
□ plain 평범한, 단순한

1 **at an early age** 어린 나이에, 일찍이
He ran away at an early age, because his ugliness horrified his parents. 그는 어린 나이에 집을 나왔는데, 흉측한 외모에 부모가 몸서리쳤기 때문이었다.

Check-up Time!

● WORDS

빈칸에 들어갈 알맞은 단어를 고르세요.

| barrels | enemy | notice | hiss |

1 We must be prepared for anything! We will be fighting the worst _____!

2 They found a cellar full of _____ of gunpowder.

3 They heard a loud _____ of steam. Then the sound of rushing water got louder.

4 A _____ in a Paris newspaper said simply, "Erik is dead!"

● STRUCTURE

괄호 안의 두 단어 중 알맞은 것에 동그라미 하세요.

1 It's (even / more) hotter in the torture room!

2 Erick (had / might) have tricked you again!

3 Now, Christine must choose whether we live (and / or) die!

Erik의 일생에 일어난 사건의 순서대로 기호를 쓰세요.

a. He designed the Paris Opera.

b. He ran away because his ugliness horrified his parents.

c. He was ordered by Shah of Persia to build him a palace
   with secret rooms and trapdoors.

d. He became famous for his magic tricks in Europe.

(   ) → (   ) → (   ) → (   )

● SUMMARY

빈칸에 맞는 말을 골라 이야기를 완성하세요.

In Christine's dressing room, Raoul and Persian found
the secret way to Erik's house through the (   ). They
went in and through tunnels, and reached Erick's (   )
room. There they heard Christine and Erick talking in the
next room. Christine finally chose to marry Erik to save
Raoul. She let Erik kiss her, and Erik was so happy that
he cried. Then he (   ) Christine and Raoul. A few
weeks later, a newspaper advertised his (   ).

---

a. released   b. death

c. mirror   d. torture

After
the Story

Reading X-File 이야기가 있는 구문 독해
Listening X-File 공개 리스닝 비밀 파일
Story in Korean 우리 글로 다시 읽기

"I should not have told you!" she cried.

"말하지 말았어야 했는데!"라고 그녀는 말했다.

★　★　★

메그는 동료 무용수들에게 5번 박스석을 관리하고 있는 어머니에게서 들은 오페라의 유령 이야기를 하다가 불현듯 유령이 자기 자신에 대해 이야기하는 것을 싫어한다던 말이 생각나 말한 것을 후회하게 됩니다. 이 상황을 과거에 한 일을 후회하며 '…하지 말았어야 했는데'를 뜻하는 should not have + p.p.를 써서 나타내고 있는데요, 이 표현을 크리스틴과 에릭의 대화로 살펴볼까요?

Christine

You said that you were the Angel of Music.
Why did you do that to me?

당신은 당신이 음악의 천사라고 말했어요.
왜 내게 그랬던 거죠?

Erik

I am sorry, Christine.
I should not have lied to you.

미안하오, 크리스틴.
당신에게 거짓말하지 말았어야 했는데.

With her, was a mysterious, shadowy figure.

그녀와 함께 신비한 그림자 같은 형상이 있었다.

★　★　★

숲 속을 지나가는 마차에서 크리스틴을 보았다고 라울에게 말하는 필립 백작. 그는 크리스틴 옆에 신비한 그림자 같은 형상이 있었다고 말하는데요, 이때 부사구 '그녀와 함께(with her)'를 강조하기 위해 문두에 두다 보니 주어 a mysterious, shadowy figure와 동사 was의 위치가 바뀌었어요. 이렇게 부사구가 문두에 와서 주어와 동사의 위치가 바뀌는 예를 무용수들의 대화에서 살펴볼까요?

I think I saw the Phantom in the masked ball.
He wore a large red hat with feathers.

가면 무도회에서 유령을 본 것 같아.
깃털 달린 커다란 붉은 모자를 쓰고 있었어.

Sorelli

I saw that man, too! Around his shoulders,
was a long red cloak.

저도 그 남자를 봤어요! 그의 어깨 주변에는 길고 붉은 망토가
둘러져 있었어요.

Jamme

You have been crying.

울고 있었군요.

★　★　★

라울과의 비밀 약혼으로 행복한 시간을 보내면서도 에릭에 대한 연민과 공포로 괴로워하던 크리스틴. 그러던 어느 날 그녀는 울고 있다가 라울을 만나러 나오는데, 울어서 빨개진 그녀의 눈을 보며 라울이 위와 같이 말합니다. 과거부터 현재까지 진행되고 있는 행동을 나타내는 현재완료진행 시제 have been ...ing를 써서 말이죠. 그럼 이 시제를 라울과 크리스틴의 대화로 다시 익혀 봐요.

Raoul

I have been waiting for you all day!
Where have you been?

오늘 하루 종일 당신을 기다렸어요!
어디 있었던 거죠?

Christine

I was in Erik's underground house.
It was such a terrible time!

전 지하에 있는 에릭의 집에 있었어요.
정말 끔찍한 시간이었어요!

It's even hotter in the torture room!

고문실 안은 훨씬 더 뜨겁소!

★　★　★

크리스틴과 함께 자신의 방에 있던 에릭은 옆방 고문실에 누군가 숨어들었다는 것을 알게 되자 화가 나서 고문실을 가열합니다. 그러나 그의 방도 점점 가열되어, 방이 뜨거워진다는 크리스틴의 말에 에릭은 위와 같이 말하지요. 이처럼 even, much, far, a lot 등과 같은 표현을 비교급 형용사 앞에 쓰면 '훨씬 더 …한'이라는 뜻이 된답니다. 그럼 이 표현을 페르시안과 라울의 대화로 다시 한번 확인해 볼까요?

We can't get to Erik's house across the lake.
The lake is much deeper than you think.

호수를 가로질러 에릭의 집에 갈 수는 없어요.
호수는 당신이 생각하는 것보다 훨씬 더 깊어요.

Persian

But we must rescue Christine!
We have to find out the way!

하지만 반드시 크리스틴을 구출해야 해요!
우리는 방법을 찾아야만 해요!

Raoul

01 인터넷? 아니 이너넷!

n 뒤에 t가 오면 소리가 거의 나지 않아요.

우리 생활의 큰 부분으로 자리잡고 있는 인터넷. 그런데 외국에서는 인터넷이라고 하면 잘 알아듣지 못한다는 사실, 알고 있었나요? 이것은 internet처럼 한 단어 안에서 n 뒤에 t가 오면 t 발음이 약화되어 소리가 거의 나지 않기 때문이에요. t를 약하게 하고 n과 e를 연결시켜서 [이너넷]으로 발음하는 거지요. 그럼 이렇게 n 뒤에 t가 나와 t 소리가 들리지 않는 경우를 본문 16쪽에서 함께 살펴볼까요?

> "How do you know it was the (①)?" asked Sorelli. "It could have been one of the (②) who visit the Opera.

① **Phantom** t 소리가 약화되어 [팬텀]이 아니라 [패넘]으로 발음했지요?

② **gentlemen** [젠틀먼]보다는 [제늘먼]으로 발음하세요.

02 꼬리표는 '태그'인가 '택'인가?

g, t, p, k 같은 자음으로 단어가 끝나면 받침소리로 처리하세요.

꼬리표 tag를 지금까지 [태그]로 발음하셨나요? 하지만 모음 [-으]를 넣어 두 음절로 발음하는 것이 아니라 [택]처럼 받침소리로 자연스럽게 처리해야 한답니다. 이것은 g, t, p, k와 같은 자음으로 단어가 끝날 때 그 자음을 받침소리로 처리해 주어야 하기 때문이지요. 따라서 nut, top, weak 등도 [너트], [타프], [위크]가 아니라 [넡], [탑], [위크]처럼 발음해야 한답니다. 그럼 본문 76쪽에서 이를 확인해 볼까요?

He wore a large red (①) trimmed with feathers, and around his shoulders was a long red (②).

① **hat** 주의 깊게 들어보세요. 끝자음 t가 받침소리로 처리되어 [햍]으로 발음됐어요.
② **cloak** 마찬가지로 [클라욱]으로 발음한 것을 알 수 있어요.

03 t와 모음이 만나면…

t가 모음으로 시작되는 단어를 만나면 [ㄹ]로 소리나요.

부드러운 발음을 좋아하는 미국식 영어에서는 t를 본래의 [ㅌ]로 발음하지 않고 흘려서 [ㄹ]로 발음하는 경향이 있습니다. party를 [파아리], water를 [워어러]로 발음하는 것처럼요. 이런 현상은 단어 안에서만 일어나는 것이 아니라 단어와 단어가 연결될 때, 특히 t가 마지막 소리로 오고 다음에 모음이 이어질 때도 일어난답니다. 이런 경우를 본문 79쪽과 99쪽에서 찾아볼까요?

> Raoul (　　　) his arms to grab them.

put out t가 뒤의 모음 ou를 만나 [풋 아웉]이 아니라 [푸라웉]으로 발음했어요.

> "To rescue Christine! Now (　　　) my way!"

get out of get과 out 뒤의 t가 차례로 다음 단어의 모음을 만나 [게라우러브]로 발음된 걸 알 수 있지요?

조동사 뒤에서 약해지는 have

「조동사 + have」는 하나의 사운드로 뭉쳐서 발음하세요.

가정법 과거완료 문장에 나오는 「조동사 (would, could, should, might) + have + p.p.」. 이 경우 「조동사 + have」는 한 호흡으로 빠르게 이어져 발음됩니다. have의 첫소리 [h]는 사라져서 거의 들리지 않고, 조동사의 끝소리 [d], [t]는 [ㄹ] 정도로 약화되어 두 단어가 연결되면서 하나의 사운드로 뭉쳐 들리게 된답니다. 그럼 이런 경우를 본문 99쪽과 111쪽에서 함께 확인해 볼까요?

"I (   ) run away with her yesterday!"

should have should의 d가 [ㄹ]로 약화되고, have의 h가 거의 들리지 않아 [슈러브]라고 뭉쳐서 발음됐어요.

"Erik (   ) tricked you again!"

might have 마찬가지로 하나의 사운드인 [마이러브]라고 발음됐지요?

1장 | 그것은 유령일까?

p.14~15 드비엔느 씨와 폴리니 씨는 파리 오페라 극장의 지배인이었다. 그날은 그들의 마지막 밤이었고, 두 사람은 퇴임을 앞두고 마지막 특별 공연을 준비하고 있었다.

오페라 극장의 일급 무용수인 소렐리는 자신의 분장실에 있었다. 소렐리는 그날 저녁 늦게 열릴 두 지배인의 환송연에서 낭독할 송사를 조용히 준비하고 있었다. 갑자기 그녀의 분장실 문이 벌컥 열리며 젊은 무용수들이 겁에 질린 표정으로 비명을 지르며 뛰어들어왔다!

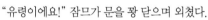

"유령이에요!" 잠므가 문을 쾅 닫으며 외쳤다.

"멍청한 소리 하지 마!" 소렐리가 말했다.

하지만 흥분한 젊은 무용수들이 이구동성으로 말하기 시작했다.

"우린 그를 봤어요! 정말 봤다고요!"

"그 사람은 신사복 차림이었어요!"

"우린 그 사람이 걸어서 벽을 통과하는 것을 봤어요!"

p.16~17 "그게 유령인지 어떻게 안단 말이니? 오페라를 보러 온 신사일지도 모르잖아." 소렐리가 말했다.

지리 부인의 딸인 메그가 몸을 떨며 말했다. "하지만 그는 해골 가면을 쓰고 있었어요! 무대 장치를 담당하고 있는 조셉 뷔케도 그 유령이 피부는 오싹할 정도로 노랗고 코는 아예 없으며 눈에는 검은 구멍만 뚫려 있다고 했어요!"

몇 달 동안 오페라 극장에서는 유령이 화젯거리였다. 사람들은 도처에서 유령을 목격했다고 믿었다. 사람들이 얘기하는 유령의 생김새도 제각기 달랐다. 하지만 모든 사람들은 유령이 존재한다는 의견에는 동의했다. 그때, 문 밖에서 바스락거리는 소리가 들렸다.

"거기 누구세요?" 소렐리가 불안한 목소리로 말했다.

하지만 아무 대답이 없었다.

"문 열지 마세요!" 메그가 소리쳤다.

하지만 소렐리는 단검을 꺼내 들고 천천히 문을 열었다. 그리고 복도를 내다보았다.

"아무도 없어!" 소렐리가 문을 닫으며 한숨을 내쉬었다. "자, 얘들아, 이제 이런 터무니없는 짓은 그만둬! 유령을 실제로 본 사람도 없잖니!"

p.18~19 "우리 엄마도 유령을 본 적은 없어요. 사람들에게 얘기하면 안 되지만…"

메그가 잠시 말을 멈췄다. 사람들에게 얘기를 더 해도 괜찮을지 확신이 들지 않았기 때문이었다. 이윽고 그녀는 조용히 말했다. "하지만 유령이 엄마에게 말을 했대요!"

젊은 아가씨들이 메그 주변으로 몰려들었다. 그리고 모두가 흥분해서 떠들기 시작했다.

"어떻게?"

"어디서?"

"언제?"

"우리 엄마는 2층의 5번 박스석을 관리하고 있어요. 그곳이 유령의 전용 박스석이에요. 그는 그곳에서 모든 오페라를 관람한대요."

모든 사람들이 입을 다문 채 걱정스런 표정으로 메그를 바라보았다.

"얘기하면 안 되는데! 엄마는 유령이 사람들 입에 오르내리는 걸 좋아하지 않는다고 했어요. 조셉 뷔케도 그런 얘기를 떠들고 다니면 안 돼요! 그러면 우리 모두에게 불운이 닥칠 거예요!"

갑자기 복도에서 누군가의 목소리가 들렸다.

"잠므, 잠므, 어디 있니?"

"우리 엄마야!" 잠므가 소리쳤다.

잠므가 문을 열고 말했다. "왜 그래요?"

"조셉 뷔케가 죽었어! 지하 3층에서 목을 맸다는구나!"

"유령이 한 짓이야, 틀림없어!" 메그가 흐느끼며 말했다.

그러자 젊은 무용수들도 전부 울기 시작했다.

p.20~21 겁을 먹은 무용수들이 소렐리 곁으로 모여들었다. 그들은 소렐리 뒤에 바싹 붙어 어두운 복도를 거쳐 연회장으로 향하는 계단을 내려갔다. 가는 도중에 소렐리는 필립 드 샤니 백작을 만났다.

"정말 멋진 공연이었어요. 크리스틴 다에 양은 대단했어요!"

백작의 말은 옳았다. 그날 저녁 펼쳐진 특별 공연에서 많은 훌륭한 연기자들이 등장했다. 하지만 진정한 승자는 크리스틴 다에였다. 그녀는 주연 여가수인 카를로타가 병

이 났기 때문에 마르가리타 역을 맡아 노래를 불렀다. 천사 같이 아름다운 크리스틴의 목소리는 관객의 마음을 사로잡았다!

관객은 몇 분 동안이나 기립하여 열광적으로 박수를 치며 환호했다. 크리스틴은 흐느껴 울다가 다른 가수들의 팔에 안겨 실신했고, 자신의 분장실로 옮겨졌다.

p.22~23 그날 저녁, 필립 드 샤니 백작은 남동생 라울 드 샤니 자작과 함께 객석에 있었다.

필립은 부모님이 세상을 떠난 후 어린 동생을 키웠다. 어린 라울은 유독 바다에 큰 관심을 갖게 되었다. 그래서 그는 해군 장교 훈련을 받고 전세계 곳곳을 항해했다.

필립은 라울이 북극으로 원정을 떠나기에 앞서 파리를 보여주고 싶었다. 그래서 라울을 이곳 저곳 데리고 다니며 많은 사람에게 소개했다. 그들이 가장 즐겨 찾던 곳 중의 하나가 파리 오페라 극장이었다.

그날 저녁 공연이 끝났을 때, 필립은 동생이 몸을 떨고 있고 얼굴도 창백해진 것을 보고 놀랐다.

"라울, 어디 아프냐?" 필립이 근심스럽게 물었다.

"아뇨, 괜찮아요. 크리스틴을 만나봐야겠어요! 크리스틴이 이렇게 아름답게 노래를 부른 적이 없었어요!"

라울은 서둘러 그 젊은 여가수의 분장실로 갔다. 그는 모여 있는 사람들을 헤치고 크리스틴 곁으로 다가갔다.

p.24~25 "의사 선생님, 사람들을 모두 내보내는 게 낫지 않을까요?" 라울이 물었다.

"옳으신 말씀이오." 의사는 이렇게 말하고 모든 사람들을 내보냈다.

이제 방에는 크리스틴, 라울, 의사, 하녀만이 남았다. 갑자기 크리스틴이 깊은 한숨을 내쉬며 눈을 떴다. 크리스틴은 옆에서 라울이 무릎을 꿇고 있는 모습을 보았다.

"누구세요?" 크리스틴이 물었다.

"나를 모르겠어요? 오래 전에 내가 바다에 빠진 당신 스카프를 건져줬잖아요!" 그는 부드럽게 말했다.

크리스틴이 웃었다. "죄송하지만, 저는 당신을 한 번도 본 적이 없어요."

얼굴이 빨개진 라울이 말했다. "나를 기억하지 못한다면, 단 둘이서만 얘기하고 싶군요. 내가 해야 할 얘기는 굉장히 중요해요."

크리스틴은 두 눈을 감고 속삭이듯 말했다. "나중에요. 혼자 있고 싶어요. 모두 나가 주시겠어요?"

p.26~27 라울과 의사는 방을 나갔다. 의사는 아래층으로 내려갔고, 라울은 하녀가 나올 때까지 닫힌 문 밖에서 기다렸다. 그러나 그가 문에 다가가 노크를 하려고 할 때, 크리스틴의 분장실 안에서 남자의 목소리가 흘러나왔다.

"크리스틴, 당신은 나를 사랑해야만 하오!" 그 목소리가 이렇게 요구했다.

"하지만 전 오직 당신을 위해 노래하잖아요! 오늘밤 제가 가진 모든 것을 당신께 드렸어요!" 그녀가 외쳤다.

"고맙소, 크리스틴. 어떤 남자도 그런 멋진 선물을 받은 적이 없었을 것이오. 당신의 목소리는 정말 아름다웠소. 하늘나라 천사들도 오늘밤에는 눈물을 흘렸을 것이오!"

그리고 침묵이 흘렀다. 라울은 문 가까이에 귀를 갖다 대었지만, 아무 소리도 들을 수 없었다. 몇 분 후, 크리스틴이 방 밖으로 나와 황급히 복도를 따라 걸어 내려갔다. 라울은 기다렸지만, 남자는 뒤따라 나오지 않았다. 그는 어두컴컴한 분장실 안으로 들어갔다.

"어디 있는 거냐? 나와라, 겁쟁이!" 라울이 외쳤다.

그는 촛불을 켰지만, 방에는 아무도 없었다. 그는 벽장 문을 열어보고, 비밀의 문이 있을까 싶어 벽이나 거울도 살펴보았지만, 아무 것도 발견할 수 없었다!

2장 | 오페라의 유령

p.30~31 환송연이 한창 진행되고 있었다. 소렐리가 막 송사를 낭독하기 시작했을 때, 잠므가 비명을 질렀다.

"유령이다! 오페라의 유령!"

잠므는 군중 속의 한 얼굴을 가리켰다. 두 눈이 있어야 할 자리에 검은 구멍이 뚫려 있는 추하고 창백한 얼굴이었다. 모두가 웃음을 터뜨리며, 꽤 그럴듯한 장난이라고 생각했다. 어떤 사람들은 심지어 유령에게 술을 한 잔 권했지만, 그는 군중 속을 빠져나가 어둠 속으로 사라졌다!

소렐리는 송사 낭독을 마칠 수 없었기 때문에 매우 화가 났다. 하지만 드비엔느와 폴리니가 그녀의 뺨에 키스를 하며 감사를 표하고,

급히 사무실로 돌아갔다. 얼마 후 그들은 신임 지배인인 몽샤르맹 씨와 리샤르 씨를 초대해 자리를 함께 했다. 폴리니는 문을 잠갔다.

p.32~33 "우리는 오페라 극장에 관한 모든 것을 말씀 드려야겠군요." 드비엔느가 진지하게 말했다.

"무엇보다도, 오페라의 유령에 대해 아셔야 합니다!" 폴리니가 말했다.

몽샤르맹과 리샤르는 그가 농담을 하고 있다고 생각했다. 그들은 서로의 얼굴을 쳐다보고는 웃기 시작했다.

"제발 귀담아 들으십시오. 이건 매우 중요합니다!" 드비엔느가 성난 목소리로 말했다. "유령을 무시할 때마다 끔찍한 일이 일어납니다!"

"그런데 그 유령이 원하는 게 뭡니까?" 리샤르가 물었다.

"이제 보여드리겠습니다." 폴리니가 말했다.

그는 규정서의 한 페이지를 가리켰다. 다음 조항이 붉은 잉크로 쓰여 있었다.

오페라의 유령에게는 매달 2만 프랑의 수당을 지급해야 한다.

"하지만 이게 전부가 아녜요! 2층에 있는 5번 박스석은 유령의 것입니다!" 폴리니가 말했다.

리샤르와 몽샤르맹은 이 말을 듣자 자리에서 일어섰다. 그들은 드비엔느와 폴리니 두 사람과 악수를 나눈 후, 객쩍은 농담이나마 재미를 준 것에 대해 감사를 표했다. 그리고 부드러운 미소를 지으며 고개를 가로저었다.

"어휴, 정말 지긋지긋합니다!" 폴리니가 말을 이었다. "사실 유령의 비위나 맞추면서 일할 수는 없어서 떠나는 겁니다!"

"하지만 두 분께서는 이 유령에게 너무 잘해 주시는 것 같군요. 왜 그를 체포하지 않으셨죠?" 리샤르가 말했다.

p.34~35 "어떻게요? 그를 본 적도 없는데!" 폴리니가 말했다.

그러자 리샤르가 물었다. "유령을 본 적이 없다면, 5번 박스석을 팔아버리지 그러셨어요?"

"유령의 박스석을 판다고요! 절대 안 되죠! 감히 어떻게 그래요! 두 분께서 한번 해보시지요!"

신임 지배인인 리샤르와 몽샤르맹에게 파리 오페라 극장에서의 처음 며칠은 흥분의 나날이었다.

극단의 단원들과 얼굴을 익히고 웅장한 극장을 둘러보는 일로 시간 가는 줄을 몰랐다. 사실, 그들은 새로운 환경과 행운이 가져다 준 즐거움을 만끽하느라 분주한 나머지 유령에 관한 이상한 이야기 따위는 잊고 있었다.

하지만 여러 날이 지난 후, 유령이 무시할 존재가 아니라는 점을 입증해준 사건이 일어났다. 신임 지배인들이 편지 한 통을 받은 것이다. 봉투에는 붉은 잉크로 그들의 주소가 적혀 있었고, '친전(親展)'이라는 문구가 찍혀 있었다!

`p.36~37` 리샤르의 눈에 봉투의 필체는 낯이 익었다. 곧 그는 그것을 어디에서 보았는지 기억했다. 그것은 폴리니가 그들에게 보여준 규정서의 필체였다.
리샤르와 몽샤르맹은 봉투를 뜯고 내용을 읽었다.

친애하는 지배인님들께

바쁘실 텐데 귀찮게 해드려서 미안하오. 하지만 5번 박스석에 관한 두 분의 의도를 묻지 않을 수 없소. 폴리니 씨와 드비엔느 씨가 그 박스석은 매일 밤 내가 사용할 수 있도록 비워 두어야 한다는 것을 두 분께 말씀 드린 것으로 알고 있소. 그러므로 나는 여러분이 그것을 팔려고 한다는 소식을 듣고 몹시 당황했소!

두 신사분께 경고하니, 평화롭게 살고 싶다면 5번 박스석을 팔지 마시오.

경의를 표하며,
오페라의 유령

리샤르와 몽샤르맹은 웃음을 터뜨렸다.

"드비엔느 씨와 폴리니 씨가 우리에게 장난을 치고 있군!" 몽샤르맹이 성난 목소리로 말했다. "이젠 재미도 없는데 말이야!"

"오늘밤에는 그들에게 5번 박스석을 줘 보세. 내일은 그것을 팔고!"

그들은 드비엔느와 폴리니에게 저녁 공연의 좌석표 두 장을 보냈다.

`p.38~39` 다음날 아침, 리샤르와 몽샤르맹은 유령으로부터 감사의 카드를 받았다.

친애하는 지배인님들께
즐거운 저녁 공연을 베풀어 주셔서 감사하오.
내가 받을 2만 프랑의 수당에 관해서는 다시 전갈을 드리겠소.

오페라의 유령

그들은 드비엔느와 폴리니가 보낸 편지도 받았다.

지배인님들께
5번 박스석의 표를 보내주셔서 대단히 고맙습니다. 하지만 우리는 유령의 박스석을 이용할 수 없습니다.

"어휴, 드비엔느 씨와 폴리니 씨는 정말 짜증나게 하는군!" 리샤르가 편지를 박박 찢으면서 소리쳤다.

그들은 다음 공연의 5번 박스석을 팔았다. 그런데 그날 저녁 5번 박스석에 앉았던 사람들에게 이상한 일이 일어났다. 공연이 벌어지고 있는 동안 그들은 펄쩍펄쩍 뛰면서 크게 웃어댔다! 실제로 주변 관람객들이 그들이 내는 소음을 도저히 견딜 수 없는 지경이 되자, 경찰을 불러 그들을 내보내야만 했다.

다음날 아침, 지배인들은 이 사건에 대해 들었다.

"박스석 관리인을 당장 데려와!" 화가 난 리샤르가 소리쳤다.

p.40~41 금세 허름한 차림새의 여자가 사무실 문을 열었다.

"어젯밤 5번 박스석에서 무슨 일이 있었나요, 지리 부인?" 리샤르가 캐물었다.

"유령이 화가 났어요. 다른 사람이 자기 박스석에 앉아 있었으니까요!" 지리 부인이 말했다.

"설마 부인도 유령에 관한 엉터리 같은 얘기를 믿는 건 아니겠죠?" 몽샤르맹이 말했다.

"믿습니다, 지배인님. 유령은 제게 말도 걸었어요. 그의 목소리는 아주 다정했어요. 처음에 그는 제게 이렇게 말했어요. '부인, 발판 좀 가져다 주시오.' 그리고 또 이렇게 말했죠. '두려워하지 마시오. 나는 오페라의 유령이오.'"

"그러고 나서 부인은 뭘 했나요?" 리샤르가 물었다.

"음, 물론 발판을 가져다 주었죠. 그 후로는 그의 목소리를 자주 들을 수 있었어요. 그리고 공연이 끝날 때 항상 내게 2프랑을 주곤 했어요."

"유령이 그 돈을 어떻게 부인에게 주었나요?" 몽샤르맹이 물었다.

"유령은 박스석에 있는 작은 선반에 올려놨어요."

"이제 됐어요, 지리 부인. 가도 좋아요!" 몽샤르맹이 말했다.

지리 부인이 나간 후 그들은 부인을 해고하고, 박스 관리인으로 다른 사람을 채용하기로 했다. 그리고 나서 그들은 5번 박스석을 조사하러 갔다.

3장 | 음악 천사

p.44~45 크리스틴은 그날 밤의 특별 공연에서 성공을 거둔 후 다시 노래를 부르지 않았다. 그녀는 완전히 사라진 것 같았다. 라울은 그녀를 만나려고 애썼지만 하사였다. 그는 그녀에게 편지를 보내고 초조하게 답장을 기다렸다. 드디어 그는 편지를 받았다.

무슈,

난 바다에 떨어진 내 스카프를 건져준 그 어린 소년을 잊지 않았어요. 우리 아버지를 기억하시나요? 내일은 아버지의 기일입니다. 그래서 페로에 갈 거예요. 아버지께서는 생전에 애지중지하던 바이올린과 함께 그곳에 묻혀 계세요.

오후 기차를 타고 오셔서 '석양'이라는 여관에서 날 만나 주세요. 그리고 교회 묘지에 함께 가봐요. 우리가 어린 시절 함께 놀았고 마지막 작별을 고했던 그곳에 말이에요.

라울은 서둘러 기차역으로 달려갔다. 기차에 자리를 잡고 앉자, 그는 크리스틴의 편지를 읽고 또 읽었다. 페이지마다 배어 있는 그녀의 향긋한 향수 냄새도 맡아보았다. 그리고 나서 그는 좌석에 등을 기대고 눈을 감은 채, 아버지와 함께 살던 크리스틴의 어린 시절을 떠올려 보았다.

p.46~47 다에 씨는 작은 마을에 사는 가난한 농부였다. 그는 평일에는 들판에서 하루 종일 일하다가 일요일에는 교회 성가대에서 노래를 불렀다. 하지만 무엇보다도 그의 바이올린 솜씨는 둘째가라면 서러워할 정도로 뛰어났다.

크리스틴이 6살이 되었을 때, 그녀의 엄마가 세상을 떠났다. 그러자 다에 씨는 어린 딸을 데리고 이 마을 저 마을을 전전하면서 바이올린 연주로 생계를 이어갔다. 크리스틴은 아버지가 연주를 할 때 노래를 불렀다.

어느 날, 두 사람의 아름답고 황홀한 곡조가 공중으로 퍼져나갈 때, 발레리우스 교수가 발걸음을 멈추고 귀를 기울였다. 감동을 받은 교수는 다에 부녀에게 자기 집에 들어와 함께 살자고 권했다. 크리스틴은 곧 매력적인 숙녀로 성장했다. 발레리우스 부인은 그녀를 친딸처럼 대해 주었다.

어느 여름, 발레리우스 교수는 부인과 다에 부녀와 함께 페로에 머물렀다. 다에 씨와 크리스틴은 근처의 여러 마을을 돌아다니며 사람들을 위해 연주하고 노래를 불렀다.

그 당시, 라울도 친척 아주머니와 함께 페로에 머물고 있었다. 그는 크리스틴의 감미로운 목소리와 미모에 매료되어 며칠 동안 남몰래 그녀의 뒤를 따라다니고 있었다. 어느 날, 하늘은 파랗고 햇살이 따스하게 금빛 해변에 쏟아지고 있었다.

하지만 바람이 강하게 불어서, 크리스틴의 목에 둘러져 있던 스카프가 그만 획 벗겨져 바다 쪽으로 날아가버렸다. 그때 근처에서 누군가의 목소리가 들렸다. "걱정 마세요. 내가 가져다 줄게요!"

그리고 라울은 자신의 말을 그대로 옮겼다!

p.48~49 라울이 크리스틴에게 스카프를 건네자, 그녀는 웃으며 그의 뺨에 키스를 해주었다. 그 후 라울은 크리스틴과 사랑에 빠졌다.

그 해, 두 사람은 여름 내내 함께 어울려 다녔다. 다에 씨는 라울에게 바이올린을 가르쳐 주었다. 그리고 매일 그는 두 사람에게 새로운 이야기를 들려주었다.

어느 날 그는 어린 로테의 이야기를 해주었다.

"어린 로테는 금발 머리에다 맑고 푸른 눈동자를 지녔지. 크리스틴 너처럼 말이야. 로테는 빨간 신발과 자기 바이올린을 소중히 여겼어. 하지만 무엇보다도 잠들어 있는 동안 음악 천사의 목소리를 듣는 것을 좋아했단다. 하지만 아무도 음악 천사를 본 적이 없고 그의 목소리를 들은 사람도 몇 명에 불과하지. 그들은 천상에서 내려오는 듯한 그의 목소리에 큰 감동을 받는단다."

그때 크리스틴은 아버지에게 음악 천사의 목소리를 들어본 적이 있느냐고 물었다. 그는 고개를 가로저으며 슬프게 말했다. "못 들어봤단다, 애야. 하지만 틀림없이 넌 언젠가 듣게 될 거야. 내가 죽으면, 그를 네게 보내줄게!"

3년 후, 크리스틴과 라울은 페로에서 다시 만났다. 두 사람은 매일 이야기를 나누며 함께 보냈다. 헤어질 시간이 되었을 때, 라울은 크리스틴의 입술에 키스를 하며 말했다. "난 당신을 결코 잊지 않을 거예요!"

p.50~51 이윽고 페로에 도착한 라울은 서둘러 석양 여관으로 향했다. 휴게실에서 그와 마주친 크리스틴은 얼굴을 붉히며 말했다. "오실 줄 알았어요. 교회에 있는 누가 당신이 도착했다고 알려주었어요."

"누구요?" 라울이 물었다.

"물론 하늘나라로 가신 불쌍한 아버지죠."

그러자 라울이 물었다. "아버지께서 내가 당신을 항상 사랑했고, 당신과 결혼하고 싶어한다는 것도 말씀해 주시던가요?"

"바보 같은 소리 하지 말아요, 라울. 세월이 그렇게 많이 흘렀는데, 어떻게 아직도 당신이 나를 사랑할 수 있겠어요?"

"사실이에요, 크리스틴!" 라울이 말했다.

"그런 말은 듣고 싶지 않아요." 그녀가 말했다.

"그런데 왜 나보고 오라고 한 겁니까?" 그가 물었다.

"지난 번 저녁 공연에서 당신을 보았을 때, 우리가 함께 즐겁게 지내던 어린 시절이 생각났어요."

"그런데 그날 밤 왜 내가 기억나지 않는다고 한 거죠?"

그러나 크리스틴은 라울의 물음에 대답하지 않았다.

"분장실에 누가 있었나요?" 그가 물었다.

"무슨 말이에요, 라울?"

"분장실에 있었던 그 남자가 누구죠? 말해 봐요!"

"문 밖에서 엿듣고 있었던 거예요?"

"그래요! 그가 얘기한 것을 다 들었어요!"

이 말에 크리스틴의 얼굴이 창백해졌고, 뺨 위로 눈물이 주르륵 흘렀다. 라울이 두 팔로 그녀를 안으려고 했지만, 그녀는 한마디 말도 없이 자기 방으로 달려갔다. 라울은 어떻게 해야 할지 몰랐다.

p.52~53 쌀쌀한 그날 저녁, 라울은 언덕에 자리잡고 있는 자그마한 교회 묘지로 걸어 올라갔다. 그는 묘석에 새겨진 글을 읽은 후 바다를 바라보며 잠시 서 있었다. 차가운 어둠이 그의 주변을 엄습하고 있었다. 그때 갑자기 뒤에서 누군가의 목소리가 들려 뒤를 돌아보니 크리스틴이었다.

"음악 천사에 대한 이야기 기억나세요?" 크리스틴이 물었다.

"그걸 어떻게 잊을 수 있겠어요!"

"내 분장실에 온 것은 음악 천사예요."

"내가 음악 천사의 목소리를 들었단 말인가요?"

크리스틴이 라울에게 가까이 다가가 그의 눈을 쳐다보았다.

"그래요." 그녀가 말했다. 라울이 웃기 시작했다. "당신이 방을 나간 뒤에 내가 분장실에 들어가봤어요. 그런데 비어 있더군요! 누군가가 당신에게 장난을 치고 있는 거예요!"

"날 믿지 못하겠다면 멀리 떠나세요." 그녀가 성난 목소리로 소리쳤다.

그리고 여관으로 달려갔다. 라울은 그녀의 뒤를 따라 달려갔지만, 그녀는 혼자 내버려두라며 그를 향해 소리쳤다. 라울은 쓸쓸하게 자기 방으로 돌아왔다. 그는 피곤했지만 잠이 오지 않았다.

p.54~55 그날 밤 늦은 시간에 라울은 방 밖에서 인기척이 나는 것을 느꼈다. 가만히 문을 열자, 놀랍게도 크리스틴이 복도를 따라 발걸음을 재촉하고 있었다.

라울은 크리스틴의 뒤를 밟았고, 도달한 곳은 그 교회 묘지였다. 아버지의 묘에서 기도하는 그녀의 모습은 꿈을 꾸고 있는 듯 보였다. 그녀는 하늘을 향해 두 팔을 치켜들었다.

바로 그때, 고요한 밤하늘에서 다에 씨가 종종 연주했던 곡인 '라자로의 부활'이 울려 퍼지기 시작했다!

다음날 아침, 라울은 교회의 높은 제단에 쓰러져 있는 채로 발견되었다. 그는 온몸이 얼음장이었고, 숨만 가까스로 붙어 있는 지경이어서 사람들은 그를 재빠르게 여관으로 옮겨놓고 의사를 불렀다.

"크리스틴은 나를 못 봤어요!" 라울이 외쳤다. "그런데 크리스틴이 떠났을 때, 그림자 하나가 교회 안으로 황급히 들어갔어요. 나는 그것을 쫓아가 망토를 움켜쥐었죠. 그것이 뒤를 돌아보는데, 해골 가면이었어요! 끔찍했어요, 정말 끔찍했죠!"

"젊은이는 지독한 악몽을 꾼 것 같군요." 의사가 말했다.

"아뇨! 말씀 드린 건 전부 사실이에요!" 라울이 외쳤다.

일주일 후 그는 기력을 회복해 파리로 돌아갈 수 있었다.

4장 | 5번 박스석의 비밀

p.58~59 몽샤르맹과 리샤르는 5번 박스석을 조사하기 위해 극장으로 갔다. 그날 저녁에는 공연이 없었기 때문에 극장은 고요했다. 두 사람은 좌석의 열 사이로 죽 나아가 5번 박스석을 올려다 보았다.

갑자기 그 박스석에서 무슨 형체가 움직이고 있었다. 몽샤르맹은 해골 가면이 난간에 기대어 쉬고 있는 것을 본 것 같았다. 하지만 리샤르는 지리 부인처럼 생긴 노부인을 보았다고 생각했다. 그 형체가 사라지자, 두 사람은 5번 박스석으로 달려 올라갔다. 하지만 그곳에는 아무도 없었다!

"누가 우리에게 장난을 치고 있는 거야." 리샤르가 웃으며 말했다. "다음 공연 때는 우리가 5번 박스석에 앉아 관람을 해 보세. 그러면 오페라의 유령이 가짜라는 것을 모든 사람들에게 증명해 보일 수 있겠지!"

p.60~61 다음 공연이 있는 날, 몽샤르맹과 리샤르는 유령으로부터 또 한 통의 편지를 받았다.

친애하는 지배인님들께
평화를 원한다면 다음 사항들을 지켜주시오.
1. 5번 박스석은 나의 것이오. 나만이 그곳을 사용할 수 있소.
2. 크리스틴이 오늘밤 마르가리타 역을 맡아야 하오. 카를로타는 아플 테니 말이오.
3. 지리 부인에게 일자리를 되돌려 주시오.
4. 내게 월 수당을 지불하시오.
만일 거절한다면, 이 오페라 극장에 저주를 내릴 것이오.

오페라의 유령

"이제 이런 헛소리도 진저리가 나는군." 리샤르가 말했다.
그날 늦게 카를로타도 편지 한 통을 받았다.

오늘밤 당신이 무대에 오른다면, 불행한 일이 닥칠 것이오.

카를로타는 크리스틴이 편지와 관련되어 있을 거라고 생각했다. 그녀는 편지를 불속으로 던져 넣고는 어깨를 으쓱하며 무시해 버렸다. 그리고 안심할 요량으로 곡조를 몇 마디 흥얼거렸다.
"난 무슨 일이 있어도 오늘 밤 공연에서 노래를 부를 거야." 그녀가 말했다.

p.62~63 그날 밤, 극장 안은 관람객으로 만원이었다. 리샤르와 몽샤르맹은 5번 박스석에 앉았다. 1막이 시작될 무렵, 리샤르가 속삭였다. "무슨 소리 들었는가?"

"아니, 하지만 너무 서두르지 말게." 몽샤르맹이 조용히 말했다.

카를로타가 출연하지 않아서 그런지 몰라도, 1막은 별탈 없이 끝났다. 리샤르가 말했다. "유령이 늦는 것 같군! 공연 좌석표는 매진됐어. 저주 받은 극장치고는 나쁘지 않은걸!"

그리고 그는 검은색 옷을 입은 뚱뚱한 여인을 가리켰다. 그녀는 천 개의 등으로 만들어진 호화로운 샹들리에 바로 밑에 앉아 있었다.

"저 여인이 지리 부인의 후임일세." 그가 말했다.

2막도 아무 일 없이 지나갔다. 하지만 두 지배인이 3막을 관람하러 5번 박스석으로 돌아왔을 때, 주변에 이상하고 싸늘한 기운이 감도는 것을 느꼈다. 이윽고 불빛이 어두워지면서 공연이 시작되었다. 어린 소년으로 분장한 크리스틴이 나와 불안한 목소리로 노래를 불렀다.

이어 카를로타가 노래하기 시작했다. "오, 얼마나 이상한 일인가! 마법의 주문처럼 이 저녁이 나를 꼼짝 못하게 하다니!"

그러나 카를로타가 세 번째 소절을 부르자, "꽤-액! 꽤-액!" 하는 소리가 났다.

그녀는 마치 두꺼비 같았다! 다시 시도했지만 마찬가지였다. "꽤-액! 꽤-액!"

p.64~65 관객들은 충격에 휩싸였다. 그들은 자신의 귀를 의심하지 않을 수 없었다. 바로 그때, 두 지배인은 유령이 조용히 웃고 있는 소리를 들었지만 너무 무서워 꼼짝도 할 수가 없었다.

"오늘 밤에 저 여자 노랫소리 때문에 샹들리에가 무너져 내릴 것이오." 유령이 속삭였다.

갑자기 우지직 하는 큰 소리가 극장 안에 울려 퍼졌다. 관객들이 천장을 올려다 보았다. 거대한 크리스털 샹들리에가 그것을 고정하는 쇠사슬을 타고 미끄러져 내려오기 시작했다. 그러더니 곧장 아래로 떨어져 밑에 앉아 있던 관객들을 덮치며 산산조각이 났다!

극장은 아수라장이 되었고, 공포에 질린 관객들은 비명을 지르며 문으로 달려갔다. 사람들이 떨어진 샹들리에를 들어내자, 밑에는 지리 부인의 후임 여자가 깔려 있었다.

다음날, 모든 신문의 1면에 다음과 같은 기사가 실렸다. '2백 킬로의 무게가 박스석 관리인의 머리로 떨어지다!'

p.66~67 그 비극적인 밤에 크리스틴은 종적을 감추고 2주 동안 모습을 드러내지 않았다. 라울은 걱정이 되었다. 그는 지배인들을 보러 갔지만, 그들의 관심은 온통 그 사건에만 쏠려 있었다. 할 수 없이 그는 발레리우스 부인을 방문했다.

"크리스틴이 어디 있는지 아세요?" 그가 물었다.

"물론이죠! 크리스틴은 음악 천사와 함께 있어요! 하지만 다른 사람들에게는 얘기하면 안 돼요!"

"하지만 어떻게 그녀를 찾을 수…"

노부인은 손가락을 입술에 갖다 대며 속삭였다. "쉬! 크리스틴은 나를 보러 왔었어요. 그 아이는 젊은이가 자기와 결혼하길 원한다고 하더군요. 그런데 음악 천사가 결혼을 못하게 한대요!"

"하지만 왜요?" 라울이 물었다.

"결혼하면 다시는 자기 목소리를 듣지 못할 거라고 했대요. 나는 그 아이가 페로에서 젊은이를 만났을 때 이 얘기를 한 줄 알았어요."

"아뇨, 부인, 하지 않았어요!"

"그 아이가 음악 천사와 함께 페로에 갔었다는 얘길 하던가요? 음악 천사가 그 애 아버지의 바이올린으로 '라자로의 부활'을 연주했다고 하던데요!"

라울은 충격을 받았다. 자신도 그 음악을 들었다.

"음악 천사는 어디에 사나요, 발레리우스 부인?" 그가 물었다.

"당연히 하늘나라죠. 하지만 지난 석 달 동안 그는 매일 아침 분장실에서 크리스틴에게 노래 지도를 해 주었어요."

'난 왜 그렇게 멍청했을까!' 라울이 생각했다. '그녀는 내게 거짓말을 했어! 앞으로 어떻게 그녀를 믿을 수 있단 말인가?'

p.68~69 라울은 발레리우스 부인과 작별한 후 서둘러 형의 집으로 향했다. 그런데 필립이 라울에게 나쁜 소식을 들려주었다.

"어젯밤, 크리스틴이 숲 속에서 마차에 타고 있었다는구나. 그녀의 옆에는 신비스런 그림자 같은 형상만 보였고."

라울은 당황스러웠다. 그는 그 말을 믿고 싶지 않았다.

'내가 직접 봐야겠어.' 그는 생각했다.

그래서 그날 밤 10시에 그는 숲 속으로 산책을 나갔다. 날씨는 몹시 쌀쌀했지만, 달빛이 어둠을 훤히 밝히고 있었다. 30분쯤 지나서, 마차 한 대가 길을 따라 그가 있는 쪽으로 천천히 다가왔다. 창문가에 크리스틴의 창백한 얼굴이 언뜻 보였다.

"크리스틴!" 라울이 외쳤다.

하지만 그가 외치는 소리에 마차는 더욱 속력을 냈다. 그는 뒤쫓아 달렸지만, 마차는 너무 **빨랐다**! 라울은 가슴이 찢어지는 듯했다!

5장 | 에릭은 누구인가?

p.74~75　다음날 라울은 크리스틴으로부터 편지 한 통을 받았다.

라울에게

내일 밤 오페라 극장에서 가면무도회가 열려요. 그곳에서 자정에 뵐게요. 흰색 옷을 입으세요. 그러면 내가 당신을 알아볼 수 있을 거예요. 나를 사랑한다면, 아무도 당신을 알아보지 못하게 하세요.

크리스틴

다음날 밤, 라울은 밤 12시에 약속 장소에 도착했다. 그는 하얀 가면을 쓰고 긴 흰색 코트를 입었다. 실내는 가면을 쓴 사람들로 꽉 들어차 있어 거의 움직일 수도 없었다. 그때 검은 가면과 드레스를 입은 여인이 그에게 다가왔다.

그녀는 손가락을 입술에 대고 속삭였다. "나를 따라 오세요."

크리스틴이었다! 연회장으로 나온 크리스틴과 라울은 어떤 기이한 인물이 다른 손님들에게 둘러싸여 있는 광경을 보았다.

p.76~77　그는 깃털로 장식된 커다란 붉은 모자를 썼고 어깨에는 기다란 붉은 망토를 걸쳤다. 그리고 망토에는 금색으로 이런 문구가 적혀 있었다. '내 몸에 손대지 마

시오! 나는 죽음이오!' 하지만 그들을 가장 오싹하게 만든
것은 바로 그의 해골 가면이었다.

"아, 이럴 수가. 내가 페로에서 본 그 자야! 그 해
골 가면!"

그는 그 이상한 인물의 가면을 벗겨버리고 싶
었지만, 크리스틴이 그의 팔을 잡았다. 그는 그녀
를 따라 계단을 통해 2층으로 올라갔다.

"이 안에 숨어 있어요. 그가 우리를 쫓아오는 것 같
아요!" 크리스틴이 속삭였다.

크리스틴은 라울을 개인 전용 박스석에 밀어 넣고 문을 닫았다.

"말해 봐요, 크리스틴. 당신을 사랑한다는 이가 음악 천사인가요?"

"내가 당신을 사랑하듯 당신도 나를 사랑한다면, 그런 어리석은 질문은 하지 마세
요!" 그녀가 말했다.

라울은 깜짝 놀랐다. 크리스틴이 그를 사랑한다고 말한 것이다!

그러자 그는 웃으면서 말했다. "당신은 또 거짓말을 하는군요!"

"그렇게 말하지 말아요, 라울! 언젠가 나에게 그런 심한 말을 한 것에 대해 용서를
구하게 될 거예요! 이제 가야겠어요! 다시는 나를 보지 못할 거예요!"

"하지만 어디로 가는 거요?"

"지금은 말할 수 없어요. 당신은 내 말을 믿지 않을 테니까요!"

말을 마치자 그녀는 문 밖으로 빠져 나갔다. 라울은 감히 그녀의 뒤를 쫓아갈 엄두
가 나지 않았다.

p.78~79　새벽 2시에 라울은 크리스틴의 분장실로 들어갔다. 그곳에는 아무도 없었
으므로 그는 커튼 뒤에 숨어서 기다렸다. 이윽고 크리스틴이 들어와 가면을 벗었다.

바로 그때 라울은 사람을 홀리는 듯한 기이한 노래를 들었다. 아름답고 부드러운 남
자의 목소리였다. 노랫소리가 점점 가까워지면서 커졌다. 그는 커튼 사이로 안을 엿보
았지만, 크리스틴 외에는 아무도 보이지 않았다.

그녀는 미소를 지으며 외쳤다. "저 여기 있어요, 에릭!"

불현듯 그는 그 노래가 생각났다! 그것은 '결혼의 밤'이라는 노래였다!

크리스틴은 두 팔을 뻗으며 거울에 비친 자신의 모습을 향해 걸어갔다. 라울은 커튼
을 젖히고 그녀의 뒤를 따라갔다. 두 명의 크리스틴, 즉 크리스틴의 실제 모습과 거울
의 모습이 만났다. 라울은 팔을 뻗어 그들을 잡으려고 했다.

그때 갑자기 몰아친 차디찬 바람에 밀려 라울의 몸이 뒤로 내동댕이쳐졌다. 그러자 라울의 눈 앞에서 두 명, 여덟 명, 아니 스무 명의 크리스틴이 어지럽게 맴돌며 그를 비웃고 있었다! 그러다 한 순간에 다시 모든 것이 정지했다. 하지만 크리스틴의 흔적은 찾아볼 수 없었다! 라울은 거울을 밀고 당겼지만, 그것은 전혀 움직이지 않았다.

"에릭이 누구란 말인가?" 그는 나지막이 중얼거렸다.

p.80~81 크리스틴이 사라진 다음날, 라울은 발레리우스 부인의 집을 방문했다. 놀랍게도 크리스틴은 그곳에 있었다. 그녀는 금반지를 끼고 있었다.

"결혼한 겁니까?" 그가 따져 물었다.

"아뇨. 나는 절대 결혼하지 않을 거예요." 그녀가 소리쳤다.

"그런데 왜 결혼 반지를 끼고 있죠?"

"말씀 드릴 수 없어요!" 크리스틴이 대답했다.

"가면무도회가 열렸던 밤에 난 당신 분장실에 있었어요. 음악 천사의 이름이 에릭이라는 것을 알게 됐어요." 라울이 말했다.

크리스틴은 깜짝 놀라며 외쳤다. "정말 죽고 싶어서 그러세요? 내가 당신을 부를 때만 내 분장실에 오겠다고 약속해 주세요."

"내일 당신을 볼 수 있을까요?" 라울이 간청했다.

"내일은 괜찮아요."

"그럼 당신 말대로 하겠다고 약속하지요."

다음날, 라울이 크리스틴을 만났을 때도 그녀는 여전히 반지를 끼고 있었다. 크리스틴은 상냥하고 다정했고, 두 사람은 장래 계획에 대해 이야기를 나누었다.

"3주 뒤에 나는 북극으로 떠나요. 원정 기간 동안 나는 죽을 수도 있어요!"

"아니면, 내가요." 크리스틴이 조용히 말했다.

느닷없이 라울은 크리스틴의 손을 잡고 그녀 앞에 무릎을 꿇었다.

"나와 결혼해 주시겠어요?" 그가 부드럽게 물었다.

"안 돼요! 하지만 비밀 약혼은 할 수 있어요. 그리고 당신이 떠나기 전에 함께 즐겁게 지내요."

p.82~83 두 사람은 세상에서 가장 달콤한 시간을 보냈다. 그들은 서로에 대한 감정을 털어놓고 사랑의 맹세를 주고받았다. 하지만 7일이 지난 후, 라울은 더 이상 즐거운 시늉만 하고 있을 수는 없었다.

"원정을 가지 않겠어요! 당신을 떠날 수 없어요!" 그가 선언했다.

그제야 크리스틴은 비밀 약혼의 위험성을 깨달았다. 그녀는 아무 말도 없이 종적을 감춰버렸다.

크리스틴은 이틀 후 무대로 돌아왔다. '두꺼비' 사건 이후 카를로타는 다시 무대에 서지 못했다. 크리스틴이 그녀 대신 출연해 관객들의 우레와 같은 갈채를 받았다. 하지만 라울은 크리스틴의 노래를 듣고 마음이 아팠다.

공연 후 라울은 크리스틴의 분장실로 달려갔다. 그는 그녀의 손을 잡고 외쳤다. "떠나겠어요. 당신이 나를 다시 만나 주겠다고 약속한다면 말이에요."

그때 크리스틴이 속삭였다. "기뻐하세요, 라울. 오늘밤 난 당신을 위해 노래했어요!"

p.84~85 크리스틴과 라울은 이후 며칠 동안 오페라 극장의 위층들을 탐색하며 즐거운 시간을 보냈다. 크리스틴은 라울에게 무대와 옷들이 보관된 방을 보여 주었다. 그녀는 어린 소녀들이 스텝을 연습하는 무용 교습실에도 그를 데려갔다. 그들은 정원에서 산책을 한 후 다시 오페라 극장으로 돌아와 17개 층들을 살펴 보았다.

"지하실도 구경시켜 주세요?" 라울이 요청했다.

하지만 크리스틴이 몸을 떨기 시작하더니 고개를 저었다.

"안 돼요! 안 돼, 못해요. 지하 세계는 거의 것이에요."

갑자기 바닥의 뚜껑문이 쾅하고 닫혔다!

"그 자가 이곳에서 우리 얘기를 듣고 있는 것 같아요!" 라울이 말했다.

크리스틴이 어깨를 으쓱하며 초조한 기색을 보였다.

"아뇨, 아뇨, 그건 뚜껑문 셔터였어요."

"틀림없이 에릭이에요! 그 자가 모든 걸 들었어요!"

"아뇨, 그렇지 않을 거예요. 이제 그런 얘기는 그만해요."

크리스틴은 저만치 걸어갔다.

6장 | 의문의 실종

p.88~89 어느 날 오후, 크리스틴은 라울과의 약속 장소에 늦게 나타났다. 도착했을 때 그녀의 얼굴은 하얗고 눈은 빨갛게 충혈되어 있었다.

"울고 있었군요. 당장 당신을 어디 먼 곳으로 데려가야겠어요!" 라울이 말했다.

크리스틴은 그의 손을 잡아 끌고 지붕으로 올라갔다. 그들의 눈 앞에 파리의 전경이 광활하게 펼쳐져 있었다. 두 사람은 차갑고 신선한 공기를 서서히 들이마시며 마음을 가라앉혔다.

"당신과 함께 가겠어요, 라울." 크리스틴이 말했다. "하지만 떠날 시간이 되었을 때 만일 내가 안 가겠다고 고집을 부려도 당신은 나를 꼭 데려가야만 해요!"

"마음이 변할까봐 두려운 거예요, 크리스틴?"

p.90~91 "아뇨, 하지만 보이지 않은 힘에 의해 내가 그에게 끌려 가고 있어요! 그는 괴물이에요, 하지만 나를 사랑한대요!"

"나의 사랑 크리스틴, 우린 즉시 도망쳐야만 해요!" 라울이 말했다.

"안 돼요! 내일 밤에 그를 위해 노래를 불러야 해요. 공연이 끝나자마자 내게 오세요."

그리고 크리스틴이 한숨을 쉬자, 또 다른 한숨 소리가 그들 주변에 메아리처럼 울려 퍼졌다.

"뭐죠? 무슨 소리 들었어요?" 크리스틴이 걱정스런 목소리로 물었다.

"바람 소리였나 봐요." 라울이 말했다. "처음에 에릭을 어떻게 만나게 되었는지 말해 봐요."

"나는 그의 목소리를 들은 지 석 달이 지나서야 그를 만날 수 있었어요. 천사 같은 그의 목소리는 내 마음을 사로잡았죠. 그는 자기가 음악의 천사라고 말했고, 그래서 그를 믿게 되었죠. 그의 노래 지도를 받으면서 내 목소리는 굉장히 좋아졌어요. 그런데 어느 날, 내가 당신과 사랑에 빠졌다고 말했어요. 그 후 오랫동안 그는 내게 노래를 불러주지도 말을 걸지도 않았어요."

크리스틴은 한숨을 내쉬고 말을 이었다. "샹들리에가 떨어진 그날 밤 기억나세요?"

라울은 고개를 끄덕였다. 어떻게 잊을 수 있겠는가!

p.92~93 그날 그를 처음 봤어요. 그는 나를 아래쪽 지하실로 끌고 갔어요! 나를 배에 태우고 노를 저어서 지하 호수를 건너 향기로운 꽃으로 가득한 방으로 데려갔어요. '두려워하지 마시오.' 그가 말했어요. 하지만 나는 화가 나서 그의 얼굴에서 가면을 벗기려고 했죠. 그러자 그는 내 손을 움켜쥐더니 이렇게 말했어요. '살고 싶으면 내 가면에 손대지 마시오!' 난 너무 무서웠어요! 그가 내 앞에 무릎을 꿇자, 나는 울기 시

작했어요. '크리스틴, 나는 천사도 아니고 천재도
아니오! 나는 에릭이오!' 그는 말했죠."

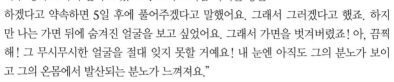

그때 어둠 속 어딘가에서 속삭이는 소리가
들렸다. "나는 에릭이오!"

크리스틴과 라울은 주위를 둘러보았지만, 보
이는 건 어둠 뿐이었다.

"그는 나를 사랑한다고 말했어요." 크리스틴
은 말을 이었다. "자기와 함께 머물면서 음악 외에는
아무 생각도 하지 말라고 했고요. 그리고 가끔 자기를 방문
하겠다고 약속하면 5일 후에 풀어주겠다고 말했어요. 그래서 그러겠다고 했죠. 하지
만 나는 가면 뒤에 숨겨진 얼굴을 보고 싶었어요. 그래서 가면을 벗겨버렸죠! 아, 끔찍
해! 그 무시무시한 얼굴을 절대 잊지 못할 거예요! 내 눈엔 아직도 그의 분노가 보이
고 그의 온몸에서 발산되는 분노가 느껴져요."

그녀는 눈물을 글썽거리며 말을 계속했다. "그러자 그는 내가 자기의 추한 얼굴을
봤기 때문에 절대로 자기를 떠날 수 없다고 말했어요!"

p.94~95 "내가 그 악마의 손길이 미치지 않는 곳으로 당신을 멀리 데려갈게요!" 라
울이 말했다.

"안 돼요. 당신에게 모든 것을 털어놓기 전까지는 떠날 수 없어요! 나는 그에게 이
렇게 말했어요. '에릭, 두려워하지 말고 당신의 얼굴을 내게 보여줘요. 당신은 불운한
천재지만, 천상의 목소리를 갖고 있잖아요.' 그는 즉시 내 발치에 무릎을 꿇었어요.
나는 그의 가면을 불태웠고, 2주 동안 그는 내가 시키는 건 뭐든지 했어요. 그는 질투
심이 굉장히 강해서 나는 당신이 곧 멀리 떠날 거라고 말했어요."

"에릭이 잘 생겼더라도, 당신은 여전히 나를 사랑했을까요?" 라울이 물었다.

크리스틴이 그의 목에 팔을 두르며 말했다. "내가 당신을 사랑하지 않는다면, 당신
이 내게 키스하는 것을 허락할 리가 없겠죠!"

두 사람이 키스를 하는 순간 격렬한 폭풍우가 파리를 엄습했다. 그들은 피할 곳을
찾아 극장 안으로 달려 들어갔다. 그들은 에릭이 어둠 속에 숨어 있으리라고는 미처
생각지 못했다.

p.96~97 크리스틴과 라울은 계단을 내려가는 도중에 위로 올라오는 낯선 사람을 만
났다. 그의 피부는 검고 두 눈은 밝은 녹색이었다. 뾰족한 챙이 달린 모자를 쓰고 긴
코트를 입고 있었다.

"아니, 그 쪽은 안 돼요!" 그는 다른 통로를 가리켰다.

"저 사람은 누구죠?" 라울이 그 통로를 따라 달리면서 속삭이듯 물었다.

"사람들은 그를 페르시안이라고 불러요. 그는 항상 오페라 극장 안에 있어요."

갑자기 그녀가 외쳤다. "아, 이런! 반지, 그가 내게 준 반지를 잃어버렸어요!"

"당신에게 반지를 준 사람이 에릭이었어요?"

"네, 내가 반지를 항상 끼고 있겠다고 약속했기 때문에 그가 나를 풀어준 거예요! 이제 그는 우리에게 벌을 내릴 거예요!"

그들은 주변을 샅샅이 뒤졌지만, 반지를 찾을 수 없었다!

"우리 당장 떠나는 게 어때요?" 라울이 말했다.

"안 돼요. 내일까지 기다려야 돼요!" 크리스틴이 말했다.

그녀는 손가락을 문지르며 급히 걸음을 재촉했다.

p.98~99 다음날 라울은 하루 종일 도망갈 계획을 세웠다. 그는 공연이 끝날 무렵 오페라 극장 밖에 마차가 대기하도록 손을 써놓았다.

그날 밤, 오페라 극장은 만원이었다. 크리스틴은 열과 성을 다해 노래를 불렀다.

"성스러운 천사여, 하늘의 축복 속에서, 내 영혼은 그대와 함께 안식을 누리길 갈망하나니"

바로 그 순간 갑자기 모든 등불이 꺼졌다! 가수, 무용수, 관객 모두가 아우성을 쳤다. 불이 다시 들어왔을 때, 크리스틴은 자취를 감췄다!

라울은 무대로 달려 올라갔다. 그녀의 이름을 몇 번이고 불렀지만 그녀는 대답이 없었다.

"에릭이 크리스틴을 데려갔어! 어제 그녀와 도망쳤어야 했는데!" 그가 외쳤다.

라울이 크리스틴의 분장실로 급히 갈 때 신비한 낯선 사람과 다시 마주쳤다.

"어디로 그리 급히 가지요?" 페르시안이 물었다.

"크리스틴을 구해야 해요! 자, 길을 비키세요!"

"내가 당신을 그녀에게 데려다 주겠어요. 그들은 지하 호숫가에 있는 집에 있어요."

p.102~103 "이 총을 받으세요. 어떤 일에든 대비를 하고 있어야 합니다! 상상조차 하기 힘든 가장 무시무시한 적과 싸워야 할 테니까요!" 페르시안이 말했다.

"하지만 당신은 왜 목숨을 걸어가며 나를 돕는 겁니까? 에릭을 증오합니까?" 라울이 말했다.

"아닙니다." 페르시안이 슬프게 말했다. "내가 그를 증오한다면, 그는 이미 이 세상 사람이 아닐 겁니다!"

"당신과 크리스틴은 왜 그를 괴물이라고 하면서도 동정심을 보이는 거죠?" 라울이 말했다.

"지금 그런 것을 논할 시간이 없어요. 갑시다."

그들은 크리스틴의 의상실로 들어갔다. 페르시안이 양손으로 거울을 밀었다. 하지만 아무 일도 일어나지 않았다.

"그가 지하실로 통하는 입구를 잠가놓았군요! 그는 벽을 움직일 수 있고, 사람들이 열 수 없는 문이나 뚜껑문을 열 수 있어요!"

"하지만 어떻게 그럴 수 있죠? 그가 오페라 극장을 짓지도 않았을 텐데!" 라울이 물었다.

"아, 그가 지었어요!" 페르시안이 말했다.

라울이 어안이 벙벙한 표정으로 그를 쳐다보았다. 그때 페르시안이 손가락을 입술에 갖다 대며 거울을 가리켰다. 거울은 흔들리고 있었다! 그들은 거울에 손을 대었다. 갑자기 찰칵 하는 소리가 나더니 거울이 두 사람과 함께 빙그르르 돌았다.

p.104~105 이제 그들은 길고 어두운 터널 속에 있었다. 페르시안이 등불을 켜고 말했다. "우리는 지하 3층에서 에릭의 집으로 들어갈 거예요. 나를 따라오세요!"

라울은 페르시안의 뒤를 따라 계단을 내려간 후 어두운 터널 속을 걸었다. 갑자기 페르시안이 걸음을 멈추고 손을 들어올렸다. 무슨 소음이 점점 가까이 다가왔다. 그때 그들은 통통하고 털이 북슬북슬한 수백 마리의 쥐들이 그들 곁을 달려 지나가고 있는 것을 느꼈다.

이윽고 지하 3층에 도달했다. 페르시안이 벽에 있는 큼지막한 돌을 밀었다. 그러자 돌이 흔들리더니 커다란 구멍이 나타났다. 그들은 그 안으로 기어 들어갔다.

"우린 몸을 낮춰 저 아래 바닥으로 내려가야 합니다." 페르시안이 말했다.

두 사람이 그렇게 내려갔을 때 페르시안이 속삭였다. "쉬, 조심해요! 우린 에릭의 고문실에 있어요!"

p.106~107 그 방은 매우 어두웠다. 갑자기 에릭이 크리스틴에게 말하는 소리가 들렸다.

"나는 아내가 필요하오! 나는 보통 사람의 얼굴처럼 보일 수 있는 가면까지 만들어 놓았소. 그런데 왜 울고 있는 거요, 크리스틴? 당신은 원하는 건 뭐든지 가질 수 있다는 걸 알지 않소!"

그러나 그녀는 대답하지 않고 슬프게 흐느껴 울기만 했다. 그때 벨 소리가 울렸다.

"누가 감히 내 집에 온 거야?" 에릭이 고함을 질렀다.

에릭이 나가자 방에 크리스틴이 홀로 남았다.

라울이 벽을 두드리며 외쳤다. "크리스틴!"

대답이 없었다. 그가 다시 불렀다. 이윽고 희미한 목소리가 들렸다.

"어디 계세요, 라울?"

"내가 당신을 구하기 위해 왔어요!"

"서둘러요. 에릭이 금방 돌아올 거예요! 그는 내가 자기와 결혼하지 않으면 모두가 죽을 거라고 했어요! 난 11시 전까지 결정을 내려야 해요!"

"오, 크리스틴!" 라울은 흐느끼기 시작했다.

"쉬, 그가 돌아와요!" 그녀가 속삭였다.

에릭이 방으로 들어왔다.

"나를 풀어 주세요. 의자에 묶여 있어 생각을 할 수가 없어요." 크리스틴은 말했다.

에릭은 그녀를 풀어주고 슬픈 장송곡을 부르기 시작했다.

라울이 희미한 소리를 냈다.

"무슨 소리지?" 에릭이 말했다. "누가 고문실에 있어!"

p.108~109 순식간에 고문실이 불빛으로 환해졌다. 고문실에는 라울과 페르시안이 몸을 숨길 데가 없었다.

"이 안은 굉장히 더워지고 있어요!" 크리스틴이 말했다.

"그렇소. 하지만 고문실은 이보다 더 더워지고 있소!" 에릭이 말했다.

라울은 벽을 만져보았다. 벽은 빨갛게 달아올라 있었다.

"우리를 산 채로 구워 죽일 작정인가 봐요." 그가 속삭였다.

그때 사악한 웃음소리가 그들의 귓전에 크게 울려 퍼졌다! 라울과 페르시안은 주위를 둘러보며 탈출할 길을 찾아보았다. 그들은 육각형 모양의 방 한가운데에 있었다. 벽은 온통 거울로 덮여 있었다.

"걱정 말아요, 라울. 내가 여기서 빠져나갈 길을 찾을 겁니다." 페르시안이 말했다.

페르시안은 방 안을 샅샅이 살펴보았으나 곧 열기와 갈증 때문에 꼼짝도 할 수 없었다. 그들은 그곳에 있지도 않은 것들을 상상하기 시작했다!

"보세요, 폭포예요!" 라울이 속삭였다.

그는 마른 입술을 핥으며 한쪽 벽의 거울을 향해 기어갔다. 그러나 그것은 폭포가 아니었다. 에릭의 속임수 중의 하나일 뿐이었다!

p.110~111 바로 그때 페르시안이 벽에 튀어나와 있는 검은 못 하나를 보았다. 그것을 누르자 뚜껑문이 열렸다! 시원한 바람이 화끈거리는 두 사람의 얼굴로 불어 닥쳤다.

"이리 와요, 라울. 이곳이 다음 지하실로 통하는 곳이에요!" 페르시안이 말했다.

그들은 황급히 계단을 내려가며 마실 만한 것이 나오기를 바랐다. 하지만, 지하실에는 물이 아니라 화약통으로 가득 차 있었다.

"에릭은 크리스틴이 자기와 결혼하지 않으면 오페라 극장을 폭파시킬 작정이에요!" 페르시안이 말했다.

그들은 재빠르게 다시 계단을 올라갔다. 그때 누군가가 벽을 두드리는 소리가 들렸다.

"라울, 거기 있어요?" 크리스틴이 속삭였다.

"네, 여기 있어요. 그런데, 지금 몇 시죠?" 라울이 대답했다.

"11시 5분 전이에요! 나는 청동 전갈과 청동 메뚜기 중 하나를 선택해야만 해요. 에릭은 내가 전갈을 선택하면 자기와의 결혼을 승낙한다는 뜻이래요! 또 메뚜기를 선택하면, 그게 아주 높이 뛰어오를 수 있으니 조심해야만 할 거라고 했어요!"

"크리스틴, 지금 어디 있어요?" 페르시안이 물었다.

"전갈 옆에요."

"그것을 만지지 마십시오! 에릭이 당신에게 또 속임수를 썼는지도 몰라요!" 페르시안이 말했다.

갑자기 에릭이 다가오는 소리가 들렸다. 페르시안은 불안한 목소리로 외쳤다. "에릭! 나일세! 나를 기억하겠는가?"

"그러니까 아직 죽지 않았단 말씀이군!" 그가 침착하게 대답했다. "이제 크리스틴이 우리가 사느냐, 죽느냐를 선택해야만 할 거야!"

p.112~113 그의 사악한 웃음소리가 또다시 지하실에 울려 퍼졌다.

"사랑하는 크리스틴, 당신이 메뚜기를 선택하면 파리의 대부분이 산산조각이 되어 날아갈 것이오. 전갈을 선택하면 모든 화약은 물에 잠겨 가라앉을 것이고. 그리고 우린 결혼하는 거요!"

잠시 침묵이 흐른 후 에릭이 말했다. "시간이 다 됐소, 크리스틴!"

라울은 기도를 했다! 페르시안은 두려움으로 심장이 터질 것 같았다!

"에릭," 크리스틴이 외쳤다. "전갈이 내가 선택해야 할 쪽이라고 맹세할 수 있어요?"

"그렇소."

"에릭! 나는 전갈을 선택했어요!"

갑자기 쉬익 하고 김이 빠지는 듯한 굉음이 들렸다. 그리고 물이 세차게 흐르는 소리가 점점 커졌다. 곧 물이 지하실에 차 올랐다. 물은 소용돌이치며 계단을 타고 올라왔고, 라울과 페르시안은 물살에 의해 어디론가 휩쓸려갔다.

p.114~115 며칠 후, 페르시안은 자신이 자기 집 침대에 누워 있는 것을 깨닫고 놀랐다. 그의 충직한 하인이 어떤 낯선 사람이 그를 집으로 데려왔다고 말했다.

"주인님, 누가 뵙기를 청하며 기다리고 계십니다." 하인이 말했다.

그는 에릭이었다! 에릭은 매우 아프고 기운이 없어 보였다.

"크리스틴은 살아 있는가?" 페르시안이 물었다.

"그래."

"그럼 라울은 어떻게 했는가?"

"나는 그를 오페라 극장 지하의 빈 방에 가둬 놓았네. 나는 마스크를 벗어버렸지만 크리스틴은 달아나지 않았네! 내가 키스해도 가만히 있더군! 전에는 어떤 여자도, 심지어 우리 어머니도 내가 키스하는 걸 허용한 적이 없었네. 나는 너무 행복해서 울었지."

에릭은 크게 흐느끼며 의자에 풀썩 주저앉았다. 애처롭게 보이는 그의 두 눈에서 커다란 눈물방울이 떨어졌다.

"나는 금반지를 크리스틴에게 돌려주고 그것이 나의 결혼 선물이라고 말했지. 나는 라울을 풀어주었네. 하지만 크리스틴에게 한 가지 약속을 받아냈지. 내가 죽으면 그 금반지를 나와 함께 묻어 주겠다고 말이야. 그러고 나서 그녀는 라울과 함께 떠났네. 하지만 크리스틴은 곧 돌아올 걸세. 난 지금의 기력으로는 단 며칠 밖에 더 못 버틸 테니까! 죽음이 임박했다고 느낄 때, 자네에게 기별을 보내겠네. 그것을 받자마자 신문에 나의 부음을 내주게. 그러면 크리스틴이 반지를 돌려줄 때가 되었다는 것을 알게 될 테지."

이것이 페르시안과 그 가엾고 불행한 에릭과의 마지막 만남이었다. 3주 후, 파리 신문에는 다음과 같은 짤막한 부음이 실렸다. '에릭 사망!'

p.116~117 몇 주 동안 크리스틴의 납치와 라울의 실종 사건으로 파리 전역이 떠들썩했다. 크리스틴은 어디 있을까? 라울은 어디 있을까? 그리고 오페라의 유령은?

오직 한 사람만이 모든 진실을 알고 있었다. 페르시안이 사망한 후, 그의 원고 뭉치에서 에릭에 관한 이야기가 발견되었다.

에릭은 루앙 근처의 작은 마을에서 태어났다. 부모가 자신의 흉측한 몰골을 두려워했기 때문에 그는 어린 나이에 집을 뛰쳐나왔다. 그는 유럽 전역을 떠돌아 다니면서 마술로 유명해졌다.

마침내 나는 에릭을 찾아 페르시아의 왕에게 데려오라는 임무를 부여 받았다. 왕은 에릭에게 비밀의 방과 뚜껑문을 갖춘 궁전을 짓도록 명했다. 하지만 왕은 에릭이 살아 있는 동안 그의 멋진 궁전의 비밀들이 누설될 것을 우려했다. 그래서 왕은 내게 에릭을 처형하라는 명령을 내렸다. 하지만 나는 그럴 수 없었고, 에릭이 도망치도록 도와주었다.

그 후 그는 파리 오페라 극장을 설계하면서 온갖 비밀 지하 통로와 방을 만들었다. 그는 끔찍하고 추한 얼굴 때문에 바깥 세상에서 살 수 없었다. 가엾고 불행한 에릭!

오랜 세월이 흐른 후, 지하 3층에서 유해 한 구가 발견되었다. 신원은 확인되지 않았지만 손가락에는 평범한 금반지가 끼워져 있었다. 그 지하실은 바로 '음악 천사'가 크리스틴 다에를 데려갔던 곳이었다.